軍事資本主義国家の正体

アメリカは世界の平和を許さない

元国税調査官
大村大次郎

ビジネス社

まえがき

昨今、朝鮮半島では緊張が高まっている。

そして日本や韓国は北朝鮮の核ミサイル対策のため、新たにアメリカから多額の兵器を購入する予定である。そのため、アメリカの軍需産業の株価は急上昇している。

アメリカは、世界最大の軍需産業国家である。

世界で紛争が起きるたびに、軍需産業の景気はよくなる。だからアメリカは、世界で紛争が起きれば、儲かる。いわゆる**「死の商人」**ということである。

しかし、本書で述べようとしているのは、そういうことではない。

「アメリカは世界中で紛争が起きることで軍需産業が潤っている」

というような、スケールの小さい話ではないのだ。

いや、アメリカの軍需産業も決してスケールの小さいものではない。しかし、アメリカ経済が軍事に依存している規模の大きさから見れば、軍需産業が得ている利益などは、たかがしれているのだ。

つまり、それだけアメリカ経済が軍事に依存している割合が大きいということだ。アメリカでは、軍需産業だけじゃなく、金融業も、製造業も、農業も、エネルギー産業も、あらゆる産業が実は軍事によって支えられているのである。

アメリカは強大な軍事力を持ち、それをしばしば使用し、世界中に軍事強国であることを誇示することで、経済の根本を維持してきた。

逆に言えば、アメリカが強大な軍事力を手放したり、それを使用する機会がなくなれば、アメリカ経済は崩壊してしまう、ということなのである。

だからアメリカは自国の経済を守るために、定期的に戦争をしなければならない。昨今、アメリカが行なったアフガニスタンへの攻撃、イラク戦争なども、本当は正義のためではなく、アメリカ経済を守るために行われてきたのである。

しかも、もしアメリカが戦争介入をやめ、軍事力を弱めてしまうと、巡り巡って世界経済が破綻してしまう、という仕組みになってしまっているのだ。

なぜ世界経済は、そういう仕組みになっているのか？

実は、アメリカが計算づく、力づくでその方向に持っていったものではない。戦後の世界経済の成り行きでそうなってしまったのだ。

ひいては戦後の世界経済システム、世界金融システムの欠陥が露呈したものなのである。世界経済システムのある欠陥のために、アメリカ経済は軍事力によって保たれるようになり、世界経済はアメリカ経済によって保たれる、という構造になってしまったのだ。

この世界経済システムの欠陥を一刻も早く取り除かなければ、これからもアメリカは戦争をしつづけ、そのたびに世界は振り回されることになるのだ。

本書は、その世界経済システムの欠陥およびアメリカ経済が現在、いかに危険な状態にあるか、ということをつまびらかにしていきたい。

著者

第2章 なぜアメリカ経済は凋落したのか?

第3章 ドルが基軸通貨であり続ける理由

第4章 邪魔されたユーロの挑戦

第5章 絶妙のタイミングで起きた「9・11」

第6章　アメリカがイラク戦争を仕掛けた本当の理由

第7章　ドルの地位を脅かすものたち

第8章 「世界通貨」の発行しか解決策はない

序章

豹変したトランプ大統領

「トランプ大統領は既得権益を壊すかもしれない」という期待

2017年初頭、ドナルド・トランプ氏がアメリカの大統領に就任した。

彼は、これまでのアメリカの政治を大きく変える可能性があった。

トランプ大統領は、メキシコなどの移民について差別的、挑発的な発言を繰り返すなどで人権主義的に嫌悪感を催す知識人、著名人も多い。有名ミュージシャンの多くは、選挙運動でトランプ陣営が自分の曲を流すことを拒絶した。

が、逆にトランプ大統領は、ある部分で大きな期待をされていた。

それは、エスタブリッシュメントと呼ばれる特定の人々の既得権益を壊し、貧しい白人層などの生活を豊かにしてくれるのではないか、ということである。

トランプ大統領は、これまで政治経験がまったくなく、アメリカのさまざまな業界との関係もほとんどない。

アメリカの議会では、ロビー団体が強い影響力を持っている。ロビー団体というのは、簡単に言えば「圧力団体」のことである。政党や議員に、寄付などの援助をする代わりに、自分に有利な政策を行うように働きかけるものだ。議会のロビーで活動するので、「ロビ

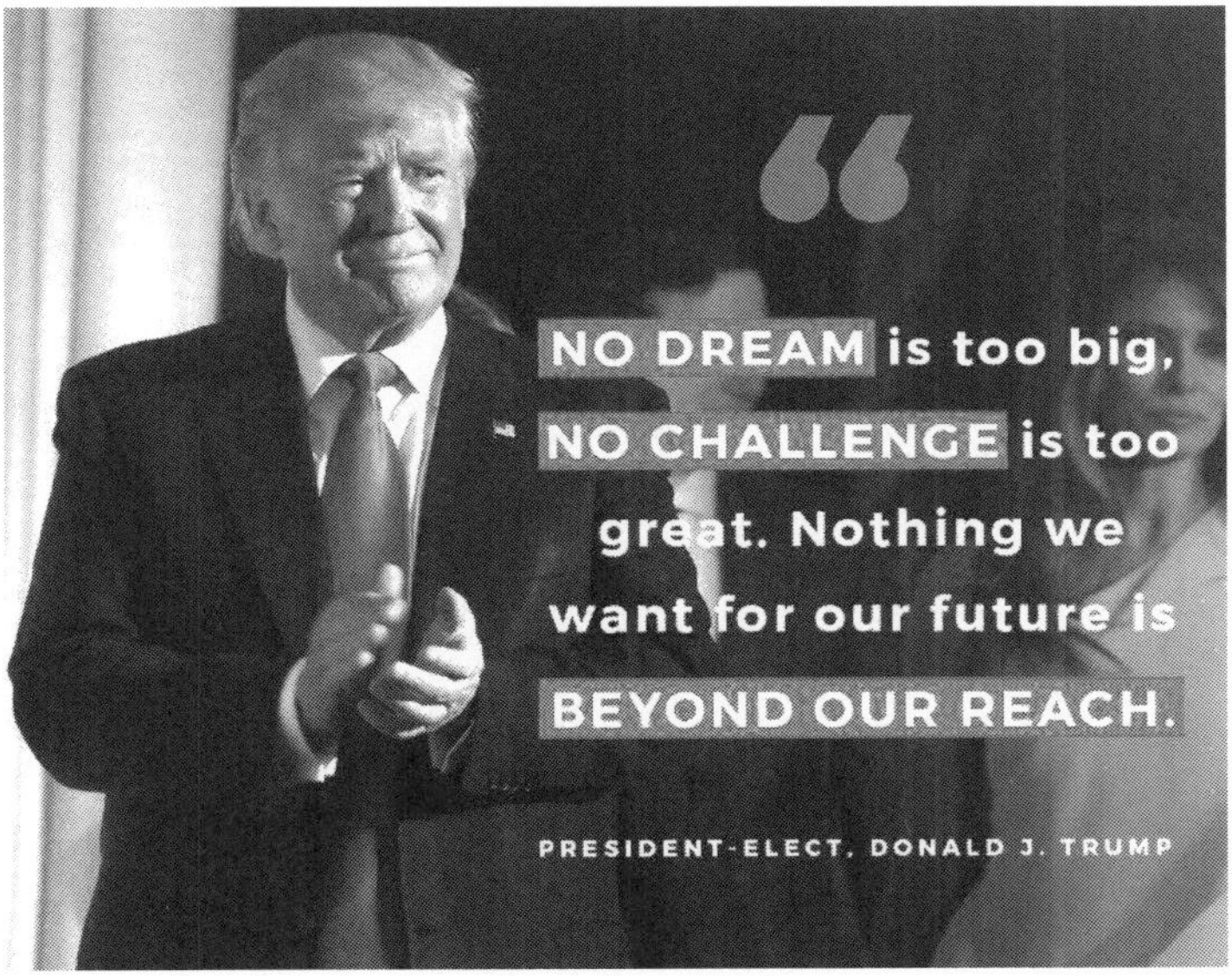

トランプの勝利宣言「私たちの未来は可能性にあふれている」

ー団体」や「ロビイスト」と呼ばれるようになったのだ。

アメリカの大統領選挙は、巨額の費用がかかる。

大統領選挙は、政党の候補者選びも含めると、1年以上かけて行われる。その間、大統領候補は、各地を遊説したり、新聞、テレビ、ラジオなどのメディアで宣伝広告をしたりする。その費用は想像を絶するものである。

その費用を調達するためには、ロビイストたちと懇意にしていなければならない。全米各地の業界団体となかよくし、資金の提供を受けたり、票の取りまとめをお願いするのである。

となると、大統領候補は、いろんなロビイストとつながりができる。必然的に、様々な政治的なしがらみを生むことになる。このしがらみがあるために、大統領は自由な政治ができず、結局、エスタブリッシュメントに与《くみ》することになるのだ。

しかしトランプ大統領は、自分自身が大富豪なので、特定の業界から政治献金や利益供与を受けて、転ぶようなことはない。またトランプ大統領に政治的な経験がない、ということもロビイストとの関係が希薄であるということがいえる。

現在のエスタブリッシュメントをぶち壊すのは、トランプしかない。そういう考えを持つ人たちが、彼に投票したのである。

近年のアメリカでは、エスタブリッシュメントがアメリカの多くの富を独占していると批判されてきた。そして、その矛先は、軍需産業にも向けられていた。その世論の流れを汲んだのがトランプ大統領だったのである。

アメリカは軍需産業を潤すために、世界の警察官の役割を演じ、世界中の紛争に首を突っ込んできた。トランプはそれを批判し、アメリカの軍事費を削減すると明言してきた。

オリバー・ストーン監督はトランプ大統領に軍事費削減を期待した

この点については、トランプ大統領を評価している著名人もかなりいた。

その一人が、映画監督のオリバー・ストーン氏である。

オリバー・ストーン氏は、ベトナム戦争の実態を描写した「プラトーン」など、アメリカの暗部をえぐり出す社会派映画監督として知られている。

そのオリバー・ストーン監督が、トランプ大統領に期待するという発言をしているのだ。次のインタビュー記事を読んで欲しい。これは、２０１７年1月24日に朝日新聞デジタルで配信されたものである。

――米大統領選の結果はショックだったと米メディアに語っていましたが、ツイッターで「トランプを良い方向にとらえよう」とも書いていました。

「ヒラリー・クリントン氏が勝っていれば危険だったと感じていました。彼女は本来の意味でのリベラルではないのです。米国による新世界秩序を欲し、そのためには他

反骨の監督として知られるオリバー・ストーン

©ZUMAPRESS/amanaimages

国の体制を変えるのがよいと信じていると思います。ロシアを敵視し、非常に攻撃的。彼女が大統領になっていたら世界中で戦争や爆撃が増え、軍事費の浪費に陥っていたでしょう。第3次大戦の可能性さえあったと考えます」

「米国はこうした政策を変える必要があります。トランプ氏は『アメリカ・ファースト（米国第一主義）』を掲げ、他国の悪をやっつけに行こうなどと言いません。妙なことではありますが、この結果、政策を変えるべきだと考える人たちに近くなっています」

――トランプ政権下で、米国の介入主義

は終わりを迎えると？

「そう願っています。米軍を撤退させて介入主義が弱まり、自国経済を機能させてインフラを改善させるならすばらしいことです。これまで米国は自国経済に対処せず、多くが貧困層です。自国民を大事にしていません。ある面では自由放任主義かと思えば、別の面では規制が過剰です。トランプ氏もそう指摘しており、その点でも彼に賛成です」

「トランプ氏はまともではないことも言います。かつてないくらいに雇用を増やすなんて、どうやって成し遂げられるのか私にはわからない。だがものすごい誇張だとしても、そこからよい部分を見いださねばなりません。少なくとも米国には新鮮なスタイルです」

「彼は、イラク戦争は膨大な資産の無駄だった、と明確に語っています。正しい意見です。第2次大戦以降すべての戦争がそうです。ベトナム戦争はとてつもない無駄でした。けれども、明らかに大手メディアはトランプ氏を妨害したがっており、これに

は反対します。トランプ氏がプラスの変化を起こせるように応援しようじゃありませんか」～新聞記事ここまで～

これは、トランプ大統領に期待する人々の声を代弁していると言えるだろう。

ベトナム戦争やイラク戦争で一部の軍需産業は儲かったが、アメリカ国民に多大な犠牲を強いた。税負担だけではなく、多くの若者が死亡したり、社会生活を営めなくなるような後遺症を負った。

アメリカが今後、世界の軍事介入をやめ、戦争をしないようになれば、多くのアメリカ国民は助かるはずだ。

だからトランプ大統領のこの政策については、賛意を示した人も多かった。

日本の核武装容認発言をしたトランプ

トランプ大統領は、就任前の大統領選挙期間中に日本や韓国に対して核武装をしてもいい、というような発言を繰り返した。

たとえば2016年3月、ニューヨーク・タイムズ紙のインタビューで「自分が大統領に就任した場合、日本と韓国の核保有を排除しない」と述べている。

なぜ彼がそう言うのかというと、

「日本や韓国は、アメリカの軍事力にただ乗りしている」

「そのためアメリカは莫大な軍事費を強いられている」

「それがアメリカ経済を苦しめている」

このトランプ大統領の発言に対し、アメリカ国民はそれほど大きなリアクションはしなかった。それより、支持している人も多かった。トランプ大統領としては当然、それを見越していたわけである。

つまりトランプ大統領のこの発言はある部分では、アメリカ国民の意志を代弁しているともいえるのだ。


アメリカは長い間、世界中に軍を派遣し、「世界の警察官」の役割を担ってきた。当然ながら、それには膨大な軍事費を必要とする。

トランプ大統領は、この軍事費が無駄だと考えていたのだ。

アメリカ経済は苦しい。だから軍事費に回すお金があったら、もっと他のことに使うべきだということだ。

このため、トランプ大統領は、アジアやヨーロッパ、南米など世界中の駐留アメリカ軍を縮小、撤退させたいと考えていたのだ。アメリカ国民の多くも、この膨大な軍事費が無駄だと考えていたため、この点についてはトランプ大統領を支持している人が多かった。日本や韓国に対しても、もっと米軍の駐留経費を負担すべき、そうじゃなければアメリカ軍は撤退する、という発言を繰り返した。

大統領になった途端に豹変したトランプ

が、トランプ大統領は、大統領に就任した途端、軍事費の削減どころか大幅な増額政策を打ち出した。

たとえばトランプ大統領は、議会の施設方針演説で次のように述べている。

「米国の安全を保つために、私たちは米軍に武器を提供しなければならない。私は軍再建の予算を議会に送り、国防費の削減を取りやめ、米国史上で、最大級の国防費増額を求めている。予算では、退役軍人のための費用も増やす」（2017年2月28日議会施政方針演説より）

ロイター通信などによると、トランプ大統領はアメリカの国防費を9％増額する方針を示しているという。

現在のアメリカの国防費は、およそ５５００億ドル（約60兆円）とされている。もちろん、断トツの世界一である。2位の中国の2倍以上である。これをさらに５００億ドル程度も増額するのである。

なぜトランプ大統領は、このような１８０度と言えるほどの大転換をしたのか？

トランプ大統領は、ビジネスマンである。だから大統領就任前は、ビジネスマンとして単純な損得勘定で、アメリカは軍事費を削減すべき、世界の警察官をやめるべき、という発言を繰り返してきた。

しかし大統領に就任したときに、ある事実に気づかされたはずだ。

「アメリカ経済の中枢は軍事力である」

ということだ。

もしアメリカが軍事力を弱めれば、アメリカ経済は根本から崩壊してしまう。その事実に気付いたために、トランプ大統領は、アメリカのこれまでの軍事政策を踏襲することにした、いや、さらに拡大することにしたのだ。

「アメリカ経済の中枢は軍事力である」

というのは単に「アメリカの軍需産業が潤えばアメリカ経済は潤う」というような話ではない。もっと根幹的な部分で、アメリカ経済は軍事力に依存しているのである。

それはどういうことか？

本書ではそれをひも解いていきたい。

第1章

アメリカ経済は破綻寸前

アメリカ経済はすでに死んでいる

2017年10月に行われた衆議院選挙の演説で、希望の党の小池百合子代表は、次のようなことを述べた。

「2000年代は中国が台頭し、2010年代はアメリカの独り勝ちだった」

これは、もちろん世界の経済情勢について述べたものであろう。

筆者は、これを聞いて非常に残念に思った。政権を狙おうという政党の党首がこの程度の知識しか持っていないのか、と。

アメリカ経済が勝っている？

もし国際経済に少しでも明るい人であれば、絶対にこういうことは言わないはずだ。

むしろ、**「アメリカ経済の独り負け」**という状態が、もう長い間続いているのである。

誤解のないように言っておくが、筆者は保守政党支持でも、革新政党支持でもない。

希望の党の小池代表に限らず、ほとんど政治家は似たような見識を持っているのではないだろうか？　なぜなら、この小池代表の発言に、誰も突っ込まなかったからだ。もし、まっとうな国際経済の知識を持っている人がいたならば、この失言を徹底的に衝いていたはずだ。「この程度の知識しか持っていない人が、どうやって国政を担えるというのだ」と攻撃するはずだからだ。

誰もそれをやらなかったということは、皆、同程度のレベルということなのだろう。

一般の方々も、「アメリカ経済は好調だ」と思っている人も多いはずだ。

アメリカは、現在、世界一の経済大国とされている。

小池代表の希望の党に日本人は失望!?

が、アメリカが世界一の経済大国というのは、経済取引の額が世界で一番大きいということだけなのである。「取引の額が大きい」のと「経済力がある」というのは、別の話である。

たとえば全国展開している住宅販売業者と、地域のパン屋を比較すれば、取引の額自体は、住宅販売業者のほうが絶対に大きい。仕入れの額自体が、まったく違うからだ。おそらく住宅販売業者は、パン屋に比べて日々の取引の額は桁が5つ、6つ違うはずだ。

しかし、だからといって、住宅販売業者が必ず儲かっているとは限らない。住宅販売業者にも儲かっているところもあれば、儲かっていないところもある。パン屋も同様で、規模が小さくてもしっかり儲かっている店も多々ある。

もし住宅販売業者が儲かっていない場合は、その赤字額は半端ないことになる。

そして、アメリカというのは、**「儲かっていない住宅販売業者」**なのである。

なぜアメリカの株価は高いのか?

昨今のアメリカ経済は、株価が史上最高額となるなど、表面上は「景気がいい」ということになっている。

が、少しでもアメリカ経済の実情を知っていれば、絶対にアメリカ経済は好調だなどとは言えないし、ましてやアメリカが世界経済で独り勝ちしているなんて、まったくの見当外れだということが理解できるはずだ。

現在、アメリカは、世界一の借金国である。そして毎年、毎年、その借金は増え続けている。しかも返せるメドは、まったくついていない。

こういう状態の国の経済が好調なわけはない。

それは、小学生でもわかるはずだ。

もしあなたの周りに、ものすごく派手な生活をしている人がいたとする。しかし、その人は首が回らないほど借金をしており、法的なデッドラインをまたごうとしている。そういう人を見てあなたは、「この人は経済勝者だ」と思うだろうか？　「この人は景気がいい」と思うだろうか？

この人が借金をしていることを知らなければ、そう思っても仕方がないだろう。しかし、あなたはこの人が莫大な借金をしていることを明確に知っている。

であるなら、あなたは絶対にこの人に対して「金銭的にヤバい人」「経済状態を何とかしなければならないんじゃないか」と思うはずだ。

もしかしたら、あなたはこう反論するかもしれない。


「では、なぜアメリカの株価は高いのか」


と。

が、よく考えてほしい。

「株価が高い」ということと、「経済が好調」ということはイコールではないのだ。日本は安倍政権になって、アベノミクスによって株価は3倍近く跳ね上がった。しかし、日本経済は本当に景気がいいのかと言われれば、誰も自信をもってイエスとは言えないはずだ。

日本の株価が跳ね上がったのは、金融緩和の力である。日銀がお金を大量に垂れ流したので、そのお金が行き場を失い、株価に流れたというだけのことである。というより、日銀が意図的に株式市場にお金を流したのだ。

つまり政府の金融政策により、むりやり株価を上げたのである。

株価というのは、そのときどきの金融事情によって乱高下するものである。それは、人類の歴史の中で何度も証明されている。

アメリカの株価が高いのは、決してアメリカ経済が好調だからではない。確かに一部の企業は好調である。上場しているような大企業は好調なところが多いから、必然的に株価は上がる。

またアメリカは国際金融市場が整っているから、世界中の投資マネーがアメリカに入ってくるので、株価は確かに高くなりやすい。

しかもアメリカはリーマンショック以降、日本よりもはるかに大規模の金融緩和を行った。その余波が今もつづいているのだ。

史上最悪の借金大国アメリカ

アメリカ経済がどれほどヤバいのか、具体的な数字を挙げて説明したい。

アメリカの財政赤字の残高は現在約20兆ドルである。

これは、日本円にして約2260兆円である。

近年、ギリシャの財政危機が話題になった。ギリシャが事実上の債務不履行に陥り、それがユーロ全体を揺るがすことになったのだ。このときのギリシャの財政赤字の規模は、300億ドルにも満たないのである。

なんとアメリカの0・15%程度なのである。

もちろん、アメリカとギリシャとでは経済規模が違うので単純な比較はできない。しかし、ユーロを揺るがしたギリシャの財政赤字の何百倍という規模の財政赤字をアメリカは抱えているということである。

歴史上、これほど財政赤字をため込んだ国はないのである。

日本の財政赤字も1000兆円あるので、人口比から見ると、日本とアメリカの深刻度合いはそう大差はないといえる。

が、日本の国債のほとんどが日本国内で消化されているのに引き換え、アメリカの国債は、世界中の国で買われている。

つまりアメリカ政府は世界中の国々に借金をして、財政を回しているということなのである。当然のことながら、アメリカの財政は、世界経済の影響をまともに受けることになる。

しかもアメリカの場合は、これに対外債務があるのだ。

先ほど述べた財政赤字というのは、政府（自治体含む）の借金である。

が、対外債務というのは、簡単に言えば国全体の外国からの借金ということである。輸出と輸入の差額が赤字だったり、資本収支が赤字だったりして、それが借財として残っているのだ。簡単に言えば、「外国から物を買って、まだお金を払えていない」ということになる。

現在アメリカは、財政赤字とは別に対外債務が約18兆ドルである。日本円にして、約2000兆円ほどである。

またアメリカは、対外債権から対外債務を差し引いた対外純資産も約8兆ドルの赤字である。日本円にして約900兆円ほどである。つまり、アメリカは8兆ドル（約900兆円）を外国から借りているということなのである。

この8兆ドルの対外純債務というのも、世界最大である。

しかもアメリカの借金は減る気配がない

しかも、アメリカの国際収支（経常収支）はよくなる気配がない。

アメリカの2015年の輸出入額を見てみると、輸出額が1兆5000億ドルちょっとに対して、輸入額が2兆2000億ドル以上もあるのだ。

輸出額の1・5倍の輸入をしているのである。

そしてアメリカはこの状態がかなり長く続いている。

アメリカは、1992年以来、20年以上にわたって国際収支（経常収支）が赤字を続けている。2015年の赤字額は463億ドルだった。

こういう状態が続けば、いくら何でも国は破綻してしまうはずだ。

というより、今のアメリカは、いつ破綻してもおかしくない状態だといえる。

今のアメリカ以上に対外債務を増やした国は、いまだかつていない。他の国はアメリカほど借金はできないし、これほど借金が膨れ上がる前に、デフォルトを起こしている。

つまりアメリカは世界最悪の借金国であり、史上最悪の借金国なのだ。

日本は対外債権から対外債務を差し引いた対外純資産は、約3兆ドルの黒字である。世界一の対外純資産国である。日本は政府の財政的には苦しいが、国全体としては非常に豊かなのである。

アメリカ経済がどれほど悪いか、これで理解していただけるだろう。

アメリカは「経済状態が世界最悪の国」とさえいえるのだ。このアメリカに対し、希望の党の小池代表は「アメリカの独り勝ち」などと評したのである。

アメリカは財政危機が常態化している

アメリカは毎年、大量の国債を発行している。

が、アメリカ政府も毎年、毎年、国債が増え続けるのを良しとしているわけではない。

アメリカでは第一次世界大戦中に、政府が無制限に国債を発行する危険を避けるため、リバティーボンド法という国債発行の上限を定めた法律をつくった。が、アメリカでは、とっくにこのリバティーボンド法の上限額には達していて、2年に一度、上限額を引き上げるという禁じ手を使って、上限を超えることを防いできたのだ。

アメリカの法律では、このリバティーボンド法で定められた上限額を超えて国債を発行することはできないので、議会で上限額の引き上げ法案が通らなければ、アメリカはデフォルトを起こしてしまうことになる。

予算などで議会の理解を得られなければ、上限額の引き上げ法案が否決される可能性もなきにしもあらずなのだ。

このことは、「財政の崖」として、たびたび報じられることがあるので、ご存知の方も多いはずだ。

今のところまだ一度も、上限引き上げが否決されたことはない。それは、アメリカのデフォルトを恐れてのことである。

しかし今後、大統領と議会が鋭く対立した場合は、否決されることもあり得るのだ。

現在のアメリカの財政というのは、そういう薄氷を踏むような状態で運営されているのである。

なぜ「双子の赤字」はニュースにならなくなったのか？

1980年代から90年代にかけて、アメリカの経済問題として「双子の赤字」ということがよく言われていた。

ニュースなどで頻繁に取り上げられていたので、ご記憶の方も多いはずだ。

双子の赤字というのは、**「経常収支の赤字」**と**「財政赤字」**という二つの赤字のことである。

「経常収支の赤字」というのは、貿易や投資など国際取引総計での赤字ということである。「財政赤字」というのは、政府の歳出が国の税収だけでは賄いきれずに、赤字になっているということだ。

前述したようにアメリカは、「経常収支の赤字」が長年続いており、対外純債務が8兆ドル（約900兆円）にまで膨れ上がっている。そして財政赤字も約20兆ドル（約2260兆円）に達している。

にもかかわらず、最近、ニュースなどではこの「双子の赤字」の問題は、ほとんど聞かれない。

なぜだかご存じだろうか？

もちろん、この問題が解決したということではない。

実は、この問題が昨今、ほとんど取り上げられることがなくなったのは、「双子の赤字」がアメリカ経済において、すっかり常態化してしまったからなのだ。当たり前すぎてニュースに報じられることさえなくなってしまったのである。

つまりアメリカは、「経常収支の赤字」「財政赤字」が当たり前の状態になっているのだ。

しかし、これは「当たり前」の状態ではない。このまま続けば、いつかは破綻するという非常に危険な状態なのである。

トランプ大統領が選ばれた理由

そもそもアメリカでトランプ大統領が誕生したことを見れば、アメリカ経済が良好ではないことは一目瞭然《いちもくりょうぜん》なはずである。

トランプ大統領は大統領選挙期間中から、極端に保護貿易的で外国排斥的な主張を繰り返してきた。

またトランプ大統領は、アメリカ史上もっとも下品な大統領とも言われている。

2005年に出演したテレビ番組の中では、「自分のような有名人なら女性はなんでも許してくれる」などと、自身の女性遍歴を自慢するような発言をした。この発言は、大統領選挙で蒸し返され「女性蔑視《べっし》だ」という批判をたびたび受けた。

また「メキシコとの国境に壁をつくれ」「不法移民を追い返せ」など人種差別とも取れるような発言を行い、世界中からひんしゅくを買ってきた。

もしアメリカ経済が良好であるならば、こんな非常識な大統領の主張が受け入れられるわけはないのだ。アメリカ経済の低迷が続き、国民が苦しい生活を余儀なくされているからこそ、トランプ大統領が誕生したのである。

またトランプ大統領は、これまで政治経験がまったくない。

彼は政治家としてではなく、ビジネスマンとして知られており、しかもアメリカ有数の大富豪である。トランプは、カジノ経営や高層ビルの所有など、人が憧れるようなことを財力に物を言わせて実現させてきた。

そして、テレビなどのメディアにも非常に興味を持っていた。トランプは根っからの目立ちたがり屋で、テレビ番組にたびたび出演するなどの有名人でもあったのだ。

もちろん、これまでの大統領候補とはまったく違うタイプだ。

なぜこういう人がアメリカで選ばれたのか、というと、多くのアメリカ人がアメリカを変えたがっていたからである。

トランプ大統領のような極端な人間じゃないと、今のアメリカの政治は変えられないと、アメリカ国民は判断したのである。

つまりは、アメリカという国はそれほど追い詰められているのだ。

深刻化するアメリカの貧困問題

トランプ大統領を支持したのは、ニューヨークやワシントンなどの都会のセレブリティーではない。大統領選の得票率では、ニューヨーク・マンハッタンでは得票率10％、ワシントンではわずか4・1％だった。

トランプを支持したのは、**「地方の白人」**たちなのである。アメリカの「地方の白人」とは**「取り残された人々」**と呼ばれ、大部分は現在、中間層以下の生活をしている。

具体的に言えば、アイオワ、ウィスコンシン、オハイオ、ペンシルバニア、ミシガンなどのラストベルトと呼ばれる白人の貧困地域で暮らす人々である。

ラストベルトのラスト（ｒｕｓｔ）とは金属のさびのことで、「閉鎖された工場」「廃棄された機械」などを指している。この地域一帯は、閉鎖された工場や廃棄物の機械が放置

トランプ支持者の庭先に立つ「強いアメリカ、再び！」のスローガン

されているので、ラストベルトと呼ばれるようになったのだ。

このラストベルトは、現在のアメリカを象徴するものでもある。

ラストベルトは、かつては鉄鋼や石炭、自動車産業などアメリカの製造業、重工業の中心地だった。が、今は、失業者と老人が多く住んでいる地域である。

この地域の白人の労働者たちは、かつて世界でもっとも恵まれた労働者だった。

学歴がなくても普通に働けば、一軒家、自動車などを買うことができた。工業大国だったころの、古き良きアメリカの恩恵をもっとも受けていた人々だった。

それだけに、この地域はアメリカの工業力低下の影響をもろに受けた。

たとえばオハイオ州では、1990年には製造業の労働者が104万人いたが、2016年には69万人にまで落ち込んだ。

製造業が盛んだったラストベルト地帯は、アメリカの落ち込みによるダメージをもっとも受けた地域だといえる。

この地域は、白人の比率が非常に高い。

ニューヨークやロサンゼルスなどの大都市では白人の比率は30％前後だが、地方の製造業地域などは、白人の比率が8～9割に達していることも珍しくない。オハイオ、ペンシルバニア、ウィスコンシンは、いずれも80％を超えている。

アメリカの労働者というと、黒人を思い浮かべる方も多いかもしれないが、決してそうではない。アメリカの白人の割合は70％であり、かつてはもっと高かった。だから工場労働者もその多くは、白人が占めていたのである。

その白人労働者たちの多くは、現在、失業で低所得で苦しい状況に置かれている。

それがアメリカ経済の現実なのである。

第2章

なぜアメリカ経済は凋落したのか？

なぜアメリカ経済は凋落したのか？

アメリカ経済は長い間、対外債務、財政赤字に苦しんでいるのだが、第二次世界大戦までは、アメリカは世界経済の中で圧倒的な強さを持っていた。

日本が太平洋戦争でアメリカに負けたのも、その最大の要因は圧倒的な経済力の違いである。

アメリカは建国当初、ヨーロッパに負けない先進国だった。世界の最先端を行っていたイギリスから移住した人たちがつくった国であり、イギリスの潤沢な資本により、大規模で迅速な開発ができたのだ。

しかも世界で3番目に広い国土を持っている。

その国土は農業に適しており、豊穣な農作物をもたらす。アメリカは自国民を十分に食べさせた上に、大量の農産物を輸出できる大農業国でもあった。

しかも国のあちらこちらに油田、金脈、鉱山があり、世界最大の産油国だったこともある。世界で初めて石油の大量産出に成功したのは実はアメリカで、現在でも世界トップクラスの産油国である。

つまりアメリカは豊富な資源と豊穣な土地を持つ、世界でもっとも豊かで進んだ国だったのである。

しかもアメリカは第一次大戦、第二次世界大戦で、本土が戦争による被害をまったく受けなかった上に、連合国に莫大な軍需物資を売りつけた。

もちろん貿易収支、経常収支はアメリカの独り勝ちの状態が続いた。アメリカは農産物、資源、工業製品など、いくらでも輸出するものがあった。そして、輸入するものはあまりなかった。自国の生産物で事足りていたからである。

そのためアメリカは、第二次世界大戦の終了時点で、世界の金の7割を保有するにいたったのである。当時、先進国はどこも金本位制を敷いていたので、貿易の決済は最終的に金で行われていた。アメリカには金がたまる一方だった。

当時は**「金の保有量イコール国の経済力」**でもあった。つまり、アメリカは世界の7割の経済力を保持していたようなものだった。

この当時、アメリカ経済は、正真正銘の独り勝ちの状態だったのである。

第二次大戦後の1948年には、アメリカはマーシャル・プランを実行した。

マーシャル・プランとは、アメリカが西側諸国に対し1948年から1951年まで、

102億6000万ドルを援助するというものである。このうち90億ドルが返済不要の贈与で、残りは融資だった。90億ドルというのは、当時のアメリカの年間予算のだいたい20%に相当する額である。

アメリカから見れば、ヨーロッパが復興してアメリカ製品を買ってくれないと、アメリカの経済が困るという理由があった。それにしても、これは大盤振る舞い過ぎるといえる。アメリカは、自らの経済力を誇示してもいたのである。

このような巨額の支援ができるほど、アメリカは豊かな国だったのである。

ところが現在、トランプ大統領はTPPを離脱し、貿易黒字国への制裁関税をたびたび口にするなど、「保護貿易的」な政策を打ち出している。

TPPの離脱は、トランプ大統領だけじゃなく、ヒラリー・クリントン大統領候補も示唆しており、アメリカはいずれにしろTPPからは離脱することになっていたのだ。

以前は、あれほど世界に自由貿易を強制してきたアメリカがなぜここにきて、保護貿易に走りだしたのか？

それは、アメリカが輸出力で他国に負けるようになってしまったからだ。

あれほど圧倒的な輸出力を誇っていたアメリカだが、第二次世界大戦後、わずか26年で貿易赤字国に転落してしまうのだ。

アメリカを最初に脅かしたドイツ

第二次世界大戦までは無敵を誇っていたアメリカがなぜ貿易赤字国に転落し、借金に苦しむようになったのか？

原因は大まかに言って二つある。

一つは、**ドイツや日本などの発展**。

もう一つは、**巨額の軍事費**である。

まずアメリカ経済が凋落した原因の第一である「ドイツや日本の発展」から説明したい。

第二次大戦以降のアメリカの独り勝ちの図式は、そう長くは続かなかった。

圧倒的に有利と思われたアメリカ経済だが、第二次大戦後わずか20年足らずの間にその牙城を脅かす存在が現れたのだ。

まず、最初は西ドイツだった。

西ドイツは、そもそも経済のポテンシャルが非常に高かった。

ドイツは第一次世界大戦前の時点で、すでにアメリカに次いで世界第二位の工業国だったのである。第一次世界大戦で莫大な賠償金を課せられ破綻寸前にまで追い込まれたが、それでも第二次世界大戦前の時点で世界第2位の工業国の地位を維持していた。

またドイツの工業設備は、第二次大戦の戦災の影響をそれほど受けてはいなかった。連合軍の調査によると、ドイツ産業全体の戦災によるダメージは20％程度だったという。連合国軍に首都ベルリンまで攻め込まれたにもかかわらず、産業の被害は、驚くほど少なかったのだ。

そのため西ドイツの工業生産は、終戦からわずか4年後の1949年に戦前の最高値だった1936年の水準に回復したのである。その後、西ドイツ経済は急成長を遂げ、1950年から1958年の間に、国民の所得は2・2倍、国民総生産は名目で2・2倍、実質で1・8倍、工業生産は2倍、輸出は4・4倍となった。

第二次大戦後のドイツは、米英仏ソの四か国に分割統治され国家が東西に分断されるという憂き目に遭いながら、それらの悪条件を跳ね返して急成長したのだ。もともとの工業力がどれほどすごかったか、ということである。

西ドイツのアメリカに対しての輸出はそれほど大きなものではなかった。しかし、ヨーロッパの工業製品シェアを爆発的に拡大したため、必然的にアメリカのシェアが小さくなっていったのだ。

アメリカ経済を叩き壊した日本

ご存知のように戦後、日本は急速な復興を果たす。そして、戦前以上の貿易国となる。ドイツの主な貿易相手がヨーロッパ諸国だったのに対し、日本の主な貿易相手はアメリカだった。

そのため日本の復興は、アメリカ経済に直接の打撃を与えることになったのだ。

戦後日本が、最初にアメリカにダメージを与えた輸出製品は、**鉄と繊維**である。

戦後の日本で占領政策を行っていたGHQは当初、日本をすぐに復興させようとは考えていなかった。GHQの最大の使命というのは、**「日本を二度とアメリカと戦争をしない国にすること」**だったのだ。

だからGHQは日本に対し兵器産業を廃止させ、重工業の復興や船舶の保有にも制限を設けた。日本の重工業の生産能力は、国内の需要に応じる範囲に抑えることとされていた。しかもその基準値は、昭和5（1930）年のレベルの3分の1とされていた。

しかし戦後すぐに冷戦が始まったため、アメリカは方針を転換し、日本を急激に復興させることにした。日本をアメリカの軍需工場にしようとしたのだ。

特に朝鮮戦争が勃発してからは、アメリカが規制をしていた日本の各産業を一斉に解禁した。

アメリカとしては、日本が復興したくらいで自国の経済が脅かされるとは思っていなかった。アメリカのアジア戦略の補給基地になればいい、くらいにしか思っていなかったのだ。

しかし、日本はアメリカの予想をはるかに上回るスピードで経済復興したのだ。

まず最初に復活したのが、製鉄業である。

日本の粗鋼生産量の推移は、次のようになっている。

1951年　650万トン
1961年　2827万トン
1970年　9332万トン

1951年と1970年を比べれば、実に14倍以上である。

当時、日本は高度成長期に差しかかり鉄鋼の需要が急増していたが、それでもこのような大量の鉄が国内需要だけで使用されていたわけではない。アメリカにも大量の輸出をし

朝鮮戦争さなかの1951年6月9日、M26戦車の前で弟を背負う韓国の少女

ていたのだ。

朝鮮戦争の軍需物資だけではなく、平時においてもアメリカに輸出をできるほど、日本の鉄鋼業は急成長していたのだ。

この日本の鉄鋼業の急成長は、アメリカ経済に最初のパンチを見舞うことになる。

そもそもアメリカの鉄鋼業界は技術も高く、競争力のある分野であり、主要な輸出産業の一つだった。1950年代の半ばには、アメリカの鉄鋼業界は史上最高収益を出していた。

しかし日本などの鉄鋼業が猛烈に発展した結果、アメリカは1959年に鉄鋼の純輸入国に転落してしまったのだ。あまりにも急な転落である。

鉄と繊維でアメリカが沈んだ

日本は鉄とともに、繊維分野でもアメリカ市場を席巻した。

もともと繊維業というのは、戦前からの日本の代表的な産業だったのである。

明治時代、日本が生糸を主要な輸出産品としていたことはよく知られているが、その後、日本は生糸だけではなく、綿製品、絹製品など繊維産業に力を入れて発展させた。そのため日本の綿製品は、戦前には世界シェア1位となったこともあるのだ。綿製品というのは、当時の繊維製品の中ではもっとも市場が大きいものであり、イギリスの主要産業でもあったのだ。戦前の日本は、その市場をイギリスから奪っていたのである。

その強力な繊維産業が戦後、いち早く回復した。

日本の繊維企業は先見性にも優れており、綿製品、絹製品だけじゃなく、戦後発達した化学繊維の分野でも世界をリードする存在となった。

1960年代、アメリカは深刻な対日貿易赤字に苦しむことになるが、その最大の要因は繊維製品だった。

アメリカは日本に対し、暗に繊維製品の輸出自主規制を求めるようにさえなった。戦後

日米首脳会談のウラには密約があった（写真は1972年）
©共同通信社／アマナイメージズアマナイメージズ

一貫して自由貿易を世界に訴えてきたアメリカとしては、メンツ丸つぶれというところである。しかしアメリカとしては背に腹は代えられず、恥をしのんで日本に自主規制を求めたのだ。

たとえば沖縄返還の交渉のときにも、日米の首脳の間で繊維製品の密約があったとされている。

1969年、日本の佐藤栄作首相とアメリカのリチャード・ニクソン大統領が沖縄返還問題で会談したとき、「日本は繊維製品の輸出を一定以下に抑えること」という密約が交わされたという。これは密約と言っても半ば公然の秘密であり、日本中がそれに気づいていた。そのため、**「糸を売って縄を買った」**とも揶揄《やゆ》された。糸というのは繊維業界のことであり、繊維業界に我慢をさせることで沖縄を取り戻した、という意味である。

逆に言えば、アメリカはこういう交渉をしなければならないほど対日貿易赤字が深刻だったのである。

アメリカに不渡りを出させた日本

日本の輸出攻勢は、鉄、繊維ばかりではない。

各種の産業が復興、発展していくにともない、電化製品、自動車でもアメリカに大量輸出されるようになったのだ。

もちろん、アメリカの対日貿易赤字は膨らむ一方だった。

当時の日米貿易は、今よりもはるかに**「日本有利、アメリカ不利」**の状態だった。

まず為替レートである。

戦後、ドルと円の交換レートは、1ドル＝360円に固定されていた。このレートは、日本が戦争でもっともダメージを受けていたときの経済力を元にして設定されていたため、円の本来の実力よりも、かなり安かったのだ。日本は戦争で大きな被害を受けており、アメリカにとっては何の脅威でもなかった。だから、為替レートも適当に決められた。一説によると、円は360度だから360円に設定されたという。アメリカとしては、それほど日本を甘く見ていたのだ。それが、後に手痛いしっぺ返しを受けることになる。

また当時の日本は、アメリカに比べて人件費が非常に安かった。アメリカ人の数分の1の人件費でよかったのだ。今の中国のようなものである。

そういう有利な条件があった上に、日本製品の性能はアメリカ製品に勝るとも劣らないようになっていた。

当然、アメリカは日本との貿易競争で負けるようになり、1971年にアメリカは対日貿易赤字が32億ドルになっていた。

この年のアメリカの貿易収支は32億ドルの赤字だった。

つまりアメリカは日本以外の国との貿易では収支がプラスマイナスゼロだったわけである。対日貿易赤字が、すなわちアメリカの貿易赤字となっていたのだ。アメリカは他の諸国との貿易では決して負けていないのに、対日本貿易だけで大敗していたのだ。

そして、この1971年にアメリカは、ドルと金の兌換《だかん》を停止している。戦後の国際金融レジームは、「アメリカはいつでもドルと金の交換に応じる」という約束のもとで成り立っていた。ドルと金との兌換の約束があったため、アメリカ・ドルが世界の基軸通貨として信用され使用されていたのだ。もちろん、それはアメリカが大量に金を保有していたからこそ、できた約束だった。

しかし、その戦後の国際金融レジームはわずか26年で崩壊してしまった。アメリカの貿易赤字により金の流出が続き、金との兌換の約束を守れなくなったからだ。

つまり、アメリカは不渡り手形を出したようなものなのである。

そして、その最大の原因は日本だったのである。

中国という新たな脅威

しかもアメリカは日本との貿易問題が解消しないうちに、さらに強力な敵を迎えてしまった。

中国である。

第二次世界大戦後、中国では、共産党による国家「中華人民共和国」が誕生した。

この新生中国の存在は、西側諸国からは長い間、黙殺されてきた。当時は、東西冷戦真っただ中であり、アメリカや西欧、日本は中国の共産主義政権を国家として認めず、台湾の国民党政府を中国の代表としていたのだ。

しかし、中国の政治を実質的に担っているのは共産党政権だった。

この不自然な状態はそういつまでも続けられるわけもなく、1972年、まず日本が中国と国交を回復した。

その年、アメリカもニクソン大統領が中国を訪問し、国交樹立に向けて動き出した。1979年には、アメリカも中国との国交を樹立し、中国はようやく世界デビューを果たすことになった。

この遅れてきた大国はこれ以降、急激な経済発展をする。

いわゆる「改革開放政策」である。

共産主義というのは、原則として自由な経済活動を認めないことになっている。しかし中国の指導者たちは、それでは経済発展が遅くなると見極め、段階的に経済を自由化させていったのである。

その最たるものが、外国企業の誘致である。

1979年、中国は改革開放政策を始めるが、その目玉は「経済特区」だった。

経済特区というのは、特例的に外国企業の進出を認め、税金の優遇などを行う地域のことであり、最初に深圳《しんせん》、珠海《しゅかい》、汕頭《せんとう》、廈門《あもい》が指定された。

深圳、珠海、汕頭、廈門はいずれも沿岸地域であり、香港、マカオ、台湾などに近接したところである。ここに経済特区を設けることで、香港、マカオ、台湾の企業や投資マネーを呼び込もうとしたのである。

この経済特区は、たちまち多くの外資系企業を呼び込み、中国経済をけん引するようになる。

中国はその後、経済特区を拡大し、1986年までに大連・秦皇島《しんこうとう》・天津・煙台《えんたい》・青島・連雲港《れんうんこう》・南通《なんつう》・上海・寧波《ねいは》・温州・福州・広州・湛江《たんこう》・北海の14都市が「経済技術開発区」に指定された。「経済技術開発区」とは、経済特区よりもさらに自由度の増した地域のことである。当然、外国企業の税制優遇などもある。

この80年代の「経済技術開発区」の設置により、外国企業の進出が一気に加速した。

中国はすでにアメリカを抜いている？

外国企業にとっても、中国は魅力的だった。

まず人件費が安い。改革開放政策を始めたばかりのときの中国の人件費は、欧米の数十分の1だったのである。しかも中国の国民は皆ある程度の教育は受けており、欧米企業の工場で働くことはそれほど難しいことではなかった。

さらに土地代や工場の建設費も安いし、税金もあまりかからない。だから、外国企業はこぞって中国に進出したのである。

中国は、他国企業のお金を使って、急激な発展をしたということである。

他国の先進企業が次々に進出し、お金を出して工場を建て、中国人を雇用してくれる。

中国は場所と人材を提供するだけである。

これは、欧米諸国や日本などの先行資本主義国とは発展方法がかなり違う。

欧米諸国や日本は、基本的に「自国の企業を育てる」ということで、経済発展をしてきた。

しかし中国は、他国の企業によって自国産業を発展させてもらっているのだ。

しかも最先端の技術やノウハウ、設備などを、どんどん中国に持ってきてくれる。各企業が技術流出をいくら防止したところで、中国で工場を建て製品をつくれば、自然に技術は流出する。

そのため改革開放政策から20年もすれば、中国人自身による企業も勃興してきたのである。

たとえば２０１６年に東芝のシロ物家電事業である「東芝ライフスタイル」を傘下に収めた中国企業「美的集団」は、もともと村の小さな工場に過ぎなかったが、１９８０年に自社での扇風機の試作を成功させ家電業界に参入してきた。１９８５年からエアコン、炊飯器、冷蔵庫等の生産も開始し、1992年には株式会社化した。1993年には深圳株式市場に上場したのである。

2000年代に入ると低価格を武器に世界市場に乗り出し、2015年時点では、世界の家電メーカーの売上第3位にまで上り詰めている。

トランプ大統領は、2017年2月28日の議会の施政方針演説で次のように述べている。

「中国が2001年に世界貿易機関（WTO）に加わってから6千の工場を失った」

6千という数字が妥当かどうかは確認できていないが、そのくらいのダメージをアメリカが受けたことは間違いない。労働者の数にして数十万、数百万の単位の雇用が失われたはずである。

アメリカとしては中国に雇用と技術を奪われ、しかも貿易赤字の巨額の請求書を送りつけられた、という感じである。

現在、中国は低価格とそれなりの性能を武器に、新たな「世界の工場」の座に君臨している。

1996年には、中国は日本に次いで世界第2位の外貨準備保有国となった。

2002年には世界第4位の貿易大国となり、現在は、断トツの世界一の貿易大国となっている。

そして中国はGDPでも、アメリカに次いで世界第2位となっている。

が、実質的な経済力は、すでにアメリカを抜いているとも言われている。

アメリカの場合、輸入と消費が大きいのでGDPが引き上げられる格好となっているが、何度も触れたように、経常収支は長期間、赤字であり、世界最大の債務国である。

しかし中国は、経常収支が長期間、黒字であり、純債権の大きさは日本、ドイツに次いで世界第3位である。つまりアメリカは巨額の対外負債があり、中国には巨額の対外資産があるということだ。

「どちらが実質的な経済力があるか」

というのは、自明の理でもある。

巨額の軍事費がアメリカを苦しめてきた

アメリカ経済を破綻寸前に追い込んでいるのは、他国の脅威ばかりではない。

巨額の軍事費も、アメリカ経済を悪化させた大きな要因である。

第二次世界大戦後、アメリカはソ連との間で、熾烈《しれつ》な軍拡競争を繰り広げる。いわゆる東西冷戦である。

アメリカは、50年代には国家予算の70％近くが軍事費を占め、冷戦期間を通じても30％前後を占めていた。GDP比で言えば、10％前後である。

これは、常時、戦争をしているようなものである。

今の日本の自衛隊の経費は、GDPの1％ちょっとである。それでも多すぎるとして、内外から批判されることがある。冷戦時のアメリカGDPの10％というのが、どれだけ大きい数字かわかるはずだ。

もし日本がGDP比10％を軍事費で支出することになれば、国家財政の約半分を軍事費に費やすということになる。もちろん国民にとっては、途轍《とてつ》もない負担になるはずであり、内外から猛反発が起こるだろう。

冷戦時のアメリカは、そういう負担を常に国民に強いていたのだ。

アメリカは、第二次世界大戦後も、朝鮮戦争、ベトナム戦争という大きな戦争を行っている。

もちろん、これには多大な軍事費がかかった。

米ソに金を出させて完成したエジプトのアスワンハイダム
©Artmedia / Heritage Images / TopFoto/amanaimages

しかもこれらの戦争では多くの若者が死亡し、国力の低下も招いた。朝鮮戦争では約4万人、ベトナム戦争では約6万人のアメリカ人が犠牲になっているのだ。

アメリカの産業力は、戦争によって大きく損なわれたのである。

さらにアメリカは、冷戦時代、他国への軍事支援、経済支援を広範囲に行っていた。

東西冷戦時代、発展途上国や紛争中の国などは、アメリカかソ連に支援を仰ぐことが多かった。もし支援しなければ、その国は敵陣営につくかもしれない。そのため、アメリカやソ連は、無理をして世界中の国々に支援をし続けたのである。

その結果、冷戦時代にアメリカから支援を受け、インフラ整備などを行った国は数多い。エジプトなどは、最初はソ連から支援してもらい、後にはアメリカから支援を引き出して、ダムなどのインフラ整備を進めてきた。

アメリカは自国のインフラ投資もそこそこに、世界中でインフラ整備をしてきたのである。トランプ大統領は大統領就任演説で「アメリカは世界を豊かにしてきた」と発言した。そして、「これからはアメリカ・ファースト（アメリカ第一主義）でいく」と述べた。

それはこういうことを指しているのだ。

東西冷戦に勝利したアメリカは、なぜ軍事費を削減しないのか？

1971年にアメリカはドルと金の兌換を中止し、世界の信用を大きく損なったが、その理由はこの巨額の軍事費、諸外国への経済支援によるものが大きかったのだ。

1980年代になると、軍事費はさらに巨額となった。

アメリカの軍事費は3000億ドルに近くなっていた。

1980年代というのは、アメリカ経済の大きな分岐点となった。

工業製品の生産性において、日本やドイツにリードを許し、「世界の工場」の座は、完全に明け渡してしまった。

1980年が始まるときアメリカは世界最大の債権国だった。しかし、1985年には世界最大の債務国となってしまっていた。1987年には貿易赤字は1710億ドルで、史上最高額となった。

それも、巨額の軍事費負担が大きく影響しているのだ。

またアメリカの競争相手だったソ連の軍事費も2500億ドルほどに達していた。

1970年代半ばの時点で、アメリカの軍事費は5～6％程度だった。それでも相当に高い金額だが、同期間のソ連の軍事費はGDPの25％にも達していた。この額は**「戦争中」**のものである。

そのため80年代、アメリカとソ連は、軍縮交渉を活発に行うようになる。両国とも、これ以上の軍事費の負担には耐えられなかったからだ。

そして1980年代の終わりには、ついにソ連が内部崩壊し、東ヨーロッパの共産主義圏は消滅してしまう。東西冷戦の終了である。

この時点で、もうアメリカ経済も破綻寸前の状態だったのだ。

現在のアメリカの軍事費はGDP比3～4％である。冷戦時代のアメリカの軍事費は、前述したようにGDPの10％程度だったので、それに比べればかなり減っている。

しかし、この現在のアメリカの軍事費GDP3～4％というのも、決して小さい数字ではない。そして、アメリカの巨額の軍事費は今でも、アメリカにとって大きな負担となっている。

減らそうと思えば減らせないはずはない。

トランプ大統領も、選挙期間中は軍事費を大幅に削減するというニュアンスのことを言っていたのだ。

にもかかわらずトランプ大統領は大統領に就任するや否や、前言を翻し、むしろ軍事費を過去最大の増額をすると述べた。

前述したように、トランプ大統領は、アメリカの国防費を9％増額する方針を示している。これは、現在のアメリカ経済にとって命取りになりかねないものである。

なぜトランプ大統領は、軍事費がアメリカ経済の足かせになっていることを承知で、さらなる増額に踏み切ったのか？

トランプ大統領が、軍に屈したわけではない。

トランプ大統領は、大統領となってアメリカ経済の根本の問題に気づいただけなのだ。

ビジネスマンだったころには決して見えなかったアメリカ経済の根本の問題である。

それについて次章以下で明らかにしていきたい。

第3章

ドルが基軸通貨であり続ける理由

世界最大の借金大国なのに経済覇権を握っている不思議

これまで述べてきたように、アメリカという国は、貿易収支は長期間、赤字が続いており、世界一の借金大国である。

にもかかわらず、アメリカはいまだに世界一の経済大国として君臨している。

それはなぜか？

さまざまな要因があるが、その最大のものは**「現在の世界経済システムが、アメリカを中心にできている」**ということである。

現在の世界経済のシステムやルールの多くは、第二次世界大戦直後につくられた。たとえば、世界経済において大きな役割を持っているＩＭＦは、事実上アメリカが支配している。

ＩＭＦは、重要な議決をする際に85％の賛成が必要であるが、アメリカは加盟国の中で唯一15％以上の出資をしており、15％以上の議決権を持っている。そのため、アメリカが反対した事案は、絶対に通らない（つまりアメリカは拒否権を持つ）ということになっているのだ。世界銀行も同様の仕組みになっている。

このように現在の世界経済、世界金融のあらゆるシステムの中心にはアメリカがいる。当然、アメリカの有利に物事は進められるようになっている。

そしてこのアメリカ中心システムで、もっとも大きい存在が「基軸通貨」なのである。

現在、世界の基軸通貨は、ドルが使用されている。

世界貿易の決済をする際には、多くの場合、ドルが利用されているのだ。それは、アメリカがまったく関係のない貿易でもそうである。たとえば日本がアラブ諸国から石油を買うときに支払われる通貨はドルなのである。

この「基軸通貨」というのは、不思議なマジックを持っているのだ。

世界中の国は、貿易の決済のためにドルを欲しがる。放っておいてもアメリカのドルは、世界中の国からどんどん買われる。

またアメリカの貿易赤字がいくら膨らんでも、アメリカはドル紙幣を払えばそれで済むのだ。アメリカは、輪転機でドルを刷るだけなのである。

アメリカの借金がこんなに膨れ上がっているのに、アメリカ経済が破綻せず、いまだに世界経済の王として君臨している最大の理由は、この「基軸通貨」というマジックにあるといえるのだ。

アメリカ・ドルが基軸通貨である限り、アメリカは借金で倒れることはないのである。

アメリカ経済を本当の意味で支えているのは、「ドル＝基軸通貨」なのである。

なぜ借金大国の通貨（ドル）が世界の基軸通貨なのか？

それにしても、なぜ借金大国アメリカの通貨（ドル）がいまだに世界の基軸通貨として用いられているのか？

その経緯を説明したい。

アメリカ・ドルが基軸通貨となったのは、第二次世界大戦後のことなのである。

それまで世界の基軸通貨というのは、イギリスのポンドだった。ご存知のように18世紀から20世紀初頭まで、イギリスが世界経済の中心だった。イギリスは地球の隅々にまで植民地を持ち、世界で最初に産業革命を起こした。

世界中から富を集め、莫大な金の保有量を誇っていた。その金を元手にイギリスは、世界で初めて金本位制を導入したのだ。

そしてイギリスが始めた金本位制は、世界の金融システムのスタンダードとなった。

イギリスは莫大な金を所有しており、イギリスの通貨「ポンド」は、たちまち世界の基軸通貨となった。

第三国同士の貿易でも（イギリスと直接貿易をしないときでも）、ポンドは使われた。たとえば戦前の日本が外国から物を買う際は、日本円ではなくポンドを使うことが多かったのだ。

しかしイギリスは、第一次・第二次世界大戦で大きなダメージを被った。

その一方でアメリカは第二次世界大戦中に、世界の金の7割を保持するまでになったのだ。

当時の世界の金融は、**「金本位制」**が主流だった。金本位制というのは、通貨を金の価値と結びつける金融制度のことである。各国の通貨に金との兌換義務を負わせ、各国の通貨は金の保有量に応じて発行される。

しかし1920年代以降、この金本位制はほころびかけていた。各国が金の保有量の減少に苦しみ、通貨と金との兌換を停止したのである。

そこに第二次世界大戦が勃発し、ヨーロッパや日本などはさらに金の保有量を減らし、もはや金本位制を敷くのは無理な状況だった。

そんな中、アメリカは唯一、自国通貨ドルと金の兌換を認めた。アメリカは世界の金の7割を保有していたので、金の兌換が可能だったのである。

必然的に、アメリカのドルが世界経済の中心となっていった。

アメリカのドルは、金と交換してくれるので価値が保障されている。が、他の国の通貨は、金との交換がされないので価値の保障がない。

当然、貿易決済などでは、ドルが使われるようになっていったのだ。

アメリカを苦しめる西側諸国の経済復興

しかし、前章で述べたように、アメリカ経済は第二次世界大戦後、急激に落ち目になっていく。

1950年代後半から西側のヨーロッパ諸国（特に西ドイツ）や、日本が経済復興してきて、アメリカ製品のシェアを奪うようになった。

これまで無敵の強さを誇っていたアメリカの輸出力は大きく鈍り、1971年には貿易収支で赤字に転落することが確実の状況になってしまった。

輸出力が鈍るとともに、アメリカの金は急激に流出するようになった。

また第二次大戦後、アメリカが世界中で経済支援をしたり、いくども軍事行動を起こしたことも金の流出を加速させた。アメリカは経済支援や軍事行動のために、世界中にドルをばら撒いた。

このドルが金と兌換され、アメリカの金が急激に流出し始めたのだ。

いったんアメリカの金が流出しはじめると、ドルを保有している誰もが危機感を抱き、金との兌換を急ぐことになる。金の兌換が停止される前に、ドルを金に換えておこうということである。

アメリカの金流出は、1950年代からすでに始まっていた。1958年の1年間だけで、約2000トンが国外に流出している。

60年代に入ると、アメリカの輸出の不振などで、さらに流出が加速した。アメリカの金の保有量は1970年ごろには8000トン程度になってしまっていた。

第二次大戦終結時、アメリカの金保有量は約2万2000トンだったので、25年程度で60％が流出したことになる。

このままの勢いで流出が続けば、アメリカの金が枯渇してしまう。

前述したように1944年のブレトン・ウッズ会議でドルは金との兌換に応じるということで、世界経済の基軸通貨はドルを用いることになった。当時のアメリカは世界の7割の金を保有していたので、金兌換を続けることができたのだ。

「ドル＝基軸通貨」というのが、戦後の国際経済のレジームである。もし、このまま金の流出が続けば、このレジームが根本から崩れることになる。

そのため1971年、アメリカのニクソン大統領は、ついにアメリカ・ドルと金の一時的な交換停止を発表した。

これがいわゆるニクソン・ショックである。

ドルと金との兌換はその後、再開されず、事実上のドル・金の兌換の停止となった。

錬金術を手に入れたアメリカ

前項で述べたように1971年に、アメリカはドルと金の兌換は停止した。

しかし不思議なことにアメリカ・ドルは、そのまま世界の基軸通貨として使用され続けた。

なぜか?

端的に言えば、ドルに代わる適当な基軸通貨がなかったのである。

ドルが金との兌換をやめたからといって、では、金と兌換してくれる有力な通貨が他にあるかといえばそうではない。またアメリカ以外の国の通貨は、ドルほどは世界で信用されていない。イギリスのポンドも、日本の円も、ドイツのマルクも、ドルに比べれば、信用は低いし、流通もしていない。

また、第二次世界大戦後、アメリカが世界中に経済支援をしていたことはすでに述べた通りである。この経済支援には、ドルが使用された。そのため世界中で、ドルを使う機会が多くなった。国際決済においては、**「ドルを使用することが普通」**という状態になっていたのだ。

だから消去法としてアメリカ・ドルは、世界の基軸通貨の地位を維持し続けたのである。

このことは、アメリカに思わぬ恩恵をもたらすことになった。

というのもアメリカは、ドルと金との交換に応じていないにもかかわらず、世界中の国が貿易の決済のためにドルを使用してくれる。

アメリカは放っておいても、世界中の国がどんどんドルを買ってくれる。アメリカは、輪転機を回すだけでいいのだ。いくらドルを発行しても、金と交換しなくていいので、金をためておく必要はない。

またアメリカの貿易収支が赤字になっても、金が流出する恐れもなくなった。貿易赤字はドルで支払えばいいだけなのだ。相手国もドルさえもらっておけば世界中の貿易で使えるので嫌とは言わないのだ。

これでアメリカは金の流出に悩むことも、貿易赤字で悩むこともなく、ドルさえ刷れば世界中の物が好きに買える、という夢のような国になったのだ。

実際、ニクソン・ショック以降のアメリカは借金大国であり、金の保有量も少ないにもかかわらず、世界中の国から好きなだけ輸入しているのである。

こんな国はかつて存在したことはなかった。

かつては、イギリスのポンドが世界の基軸通貨だった。が、それはイギリスが保有する潤沢な金が信用の裏付けとなっていたのだ。

「イギリス・ポンドを持っていれば、世界中で確実に金《ゴールド》と兌換してもらえる」

それが、イギリス・ポンドが世界の基軸通貨となりえた最大の要因なのである。

しかしニクソン・ショック以降のアメリカ・ドルは、金の兌換をしないのに世界の基軸通貨として使用されているのだ。

アメリカはこの基軸通貨というマジックを使って、何もないところからお金を生み出す**「錬金術」**を獲得したのである。

通貨の歴史を変えたアメリカ・ドル

この1971年のニクソン・ショック以降のアメリカ・ドルというのは、実は通貨の歴史を変えたものなのである。

通貨というのは、古来から貴金属などの価値と結び付けられるのが通例だった。通貨がつくられた当初は、貴金属そのものが通貨として使用されていた。また紙幣が登場してからも、その紙幣は「貴金属との引換券」だったのである。貴金属と引き換える権利があるから、その紙幣は通貨としての価値を保持していたのである。貴金属などとまったく結び付けられていない紙幣というのは、これまでの歴史上、登場したことがほとんどなかった。一時的に貴金属との兌換を停止した紙幣はあるが、「貴金属や資産との兌換をしない」ということを前提にした紙幣が、これほど広範囲で使用されることはなかったのである。

なぜ紙幣は常に貴金属などと結び付けられていたのか、というと、そうしないと誰も信用しないからである。紙幣という物質自体は、ただの紙切れであり金銭的な価値はほとんどない。それを誰も価値のあるものとしては認めないし、価値が認められなければ流通しない。

だからこそ、これまで紙幣は、「貴金属と交換できる」という価値の裏付けがされてきたのだ。

それは、ニクソン・ショックまでは、世界の常識だったのである。

ニクソン・ショック以前にも、通貨と貴金属との兌換を中断した国は多々ある。イギリスなどのヨーロッパ諸国や日本なども、第二次世界大戦前には金不足に陥り、軒並み、金との兌換を停止した。

しかし、それは一時的な方便に過ぎなかった。いずれ金との兌換を再開するということで、通貨の価値は維持できたのである。

第二次世界大戦後、ほとんどの国では、通貨と金との兌換が再開できなかった。しかし、ドルと自国通貨をリンクさせることで、自国通貨の価値を維持してきたのだ。ドルは、金との兌換に応じてくれる、そのドルとレートを定めてリンクしておけば、間接的に金の価値を結びつけることができる。

第二次世界大戦後の世界の金融は、そういうシステムによって各国の通貨の価値を維持してきたのである。

しかし、ニクソン・ショックによって、その前提条件が崩れてしまった。ドルが金の兌換に応じないということになったので、各国の通貨は間接的な貴金属との結びつきを失ってしまった。貴金属と結び付けられていない、ただの「紙切れ」の通貨が各国で使われることになったのだ。

が、不思議なことに、各国の通貨はそれほど支障をきたさずに普通に使われ続けたのである。多少の混乱はあったが、通貨がまったく流通しなくなり物々交換が始まるというような事態は起きなかった。

これまでアメリカ・ドルがあまりにも広範囲で使われてきたために、貴金属との結びつきがなくなっても、そのまま使われることになったのだ。

そしてアメリカ・ドルもこれまで通り、国際貿易の決済通貨として使用され続けた。

前述したようにアメリカは、自国の資本を気前よくヨーロッパ、アジアの復興のために貸し出したり、放出したりした。アメリカは西側陣営の経済復興のため、マーシャル・プランなどさまざまな形で支援を行った。

ドルが国際通貨として広く使用されていたので、慣例としてそのまま使用され続けたのだ。

そのため世界の通貨は、新たな領域に踏み出すことになったのだ。

「貴金属の裏付けなくして通貨を発行できる」

ということである。

それは、非常な危険も含有するものだったのだ。

ドルの信用の裏付けはアメリカの軍事力

アメリカがドルと金の兌換をやめても、ドルが基軸通貨の地位を維持しつづけた理由の一つとして、アメリカの軍事力も挙げられる。

アメリカは第二次世界大戦後、世界中の紛争に介入し軍事力を見せつけてきた。

経済というものは、戦争や紛争に敏感である。ちょっとした紛争が起きれば、すぐに物流や物価が大きな影響を受ける。

また戦争に負けたり、戦争で多大な被害を受けると、その国の経済は大きな打撃を受ける。その国だけじゃなく、その国と関係があった国、貿易をしていた国も大きな影響を受けることになる。

だから必然的に戦争に強い国の通貨は、それだけ信用されやすいことになる。

もし世界が平和であれば、国際経済において軍事力というのはあまり評価されないかもしれない。しかし、これまで世界はいつの時代でも紛争が絶えることがなかった。だから戦争に強い国の通貨は、いつの時代でも信用されやすかったのである。

第二次世界大戦後、日本は一度も戦争をしていないし、自衛隊が紛争地域で軍事行動を起こしたこともない。だから世界は平和だったような錯覚に陥っているが、第二次大戦後、日本のように平和に暮らしてきた国は、まれなのである。

第二次大戦後から現在まで一度も戦争に参加しなかった国というのは、国連加盟国の中で8か国しかいない。アイスランド、フィンランド、スイス、スウェーデン、ノルウェー、デンマーク、ブータン、そして日本である（定義によってはジャマイカ、オーストリアが入る）。これ以外の国は、なんらかの形で戦争に参加しているのである。

つまり世界で戦争がこれほど多いことが、アメリカ・ドルが世界的に信用されてきた要因の一つなのである。アメリカ・ドルは金の裏付けはないが、軍事力の裏付けはあるのだ。

逆に言えば、アメリカ・ドルが信用され続けていくためには、世界は平和であってはならないのだ。

金本位制の時代ならばアメリカはとっくに破産している

アメリカ・ドルが金と兌換しなくてよくなったため、アメリカの輸入は際限がなくなった。今までは輸入超過（貿易赤字）になれば、その分の金が流出してしまっていた。だから金の保有量をにらみつつ、輸入を制限する必要があったのだ。

しかし、ニクソン・ショック以降は輸入超過が続いても、輸入代金としてドルを渡せばいいだけである。そのドルは金と兌換しなくていいので、アメリカの金は一向に減らない。

アメリカにとっては、輸入を制限するためのリミッターがはずれたようなものである。

もちろんアメリカ政府としては、むやみやたらに輸入が増えることは歓迎していなかった。輸入超過があまりに大きくなれば、ドルの信用力が低下するかもしれない。そうなると、それ以上の輸入ができなくなる。それを懸念し、輸入超過に対しては一応目を光らせていた。

しかし、いくら輸入超過が増えても、アメリカ・ドルの信用が落ちる気配がない。ドルに代わる有力な通貨は出てこないし、世界でたびたび紛争が起きるので、その都度、戦争に強いアメリカの通貨は、信用を増すのである。

そのためアメリカは、貿易赤字を累積することになった。

現在、アメリカの対外債務は8兆ドルもある、ということを前述した。

もしこの8兆ドルを金《ゴールド》で支払おうとするなら、アメリカの所有する金は完全に枯渇してしまう。

というより、アメリカの所有している金で8兆ドル（約900兆円）を清算しようとしても、焼け石に水程度の返済額にしかならないのである。現在アメリカが所有している金は800トン前後であり、金相場から見れば40兆円程度にしかならない。20分の1も払えない計算になるのだ。

このアメリカの対外債務8兆ドルは、ドルが金と兌換していないからこそできた借金なのである。金本位制の時代ならば、アメリカはとっくに破産している状態なのだ。

そして、アメリカの破産を防いでいるのは、「ドルが世界の基軸通貨である」という事実だけなのである。

マネーゲーム国家となったアメリカ

貴金属の裏付けがなく通貨を発行できる、ということは無制限に通貨を発行できる、ということでもある。

金本位制など貴金属の裏付けをとった通貨制度の場合、金の保有量が通貨発行量とリンクすることになる。

通貨は金との兌換に応じなくてはならないので、常に一定量の金を保有しておかなければならない。というより、金の保有量に応じてしか通貨は発行できないのである。そうしないと、金の兌換請求が増えたときに、兌換に応じられなくなり、通貨システムが破綻してしまうからだ。

つまり、金本位制などの「貴金属と通貨の結びつき制度」をとっている国は、常に通貨の発行量は制限されているのだ。

しかし、「貴金属と通貨の結びつき」をなくしてしまえば、通貨の発行に制限はなくなってしまう。

事実上、その国の中央銀行は、通貨を無制限に発行できるということになるのだ。

逆に言えば、「貴金属と通貨が結びつく制度」をとっていれば、通貨の発行を常に制限できる、という利点があったわけだ。

国家というのは、制限なく通貨が発行できるということになれば、どうしても通貨を大量に発行したくなるものである。そうしたほうが、景気がよくなるように思われるからだ。

しかし通貨を発行しすぎると、その国は急速にマネーゲーム化してしまう。

実際、ニクソン・ショック以降のアメリカは、そうなっていったのである。

この20～30年ほどで世界経済は急激にマネーゲーム化していったが、その始まりはアメリカにあるのだ。

1980年代のアメリカのレーガン大統領は、レーガノミクスという金融政策、経済政策を行った。

レーガノミクスは簡単にいえば、大幅な金融緩和を行い、通貨をバンバン発行して経済を活性化しようというものだった。

このレーガノミクスの理論的な後ろ盾となっていたのが、経済学者ミルトン・フリードマンの**「マネタリズム」**という考え方である。

マネタリズムというのは、

役者から政治家に転身し、第40代アメリカ大統領まで登りつめたレーガン

「通貨ストック（硬貨、紙幣、当座預金など）の伸び率が、経済成長の伸び率と同じ水準であれば、インフレは生じない。当局は、通貨ストックの量をインフレになるギリギリまで増やし、後の経済活動は市場に任せるべき」

という理論である。

要は、「市場に出回るお金を増やしなさい、そうすれば経済は活性化する」ということである。

こういう理論は、ニクソン・ショック以前には受け入れられなかったものである。なぜならそれ以前は、通貨の量は金の保有量とリンクしていたために、簡単には増やせなかったからだ。金との兌換をやめ、無制限に通貨の発行ができるようになったからこそ、もてはやされるようになった理論なのだ。

レーガン大統領はこの理論を実践し、金融市場の規制を大幅に緩和した。

これによりアメリカの金融市場は活況を呈し、世界中の投資マネーがアメリカに集まるようになった。株式市場などの経済指標はたちまち回復した。

これでアメリカは景気が回復したとされ、レーガン大統領はアメリカを立て直した功労者として称えられることになった。アメリカの大統領選は3選が禁止されているが、レーガン人気のため、一時は大統領選の3選解禁が真剣に検討されていたほどである。

このアメリカの成功(?)は、世界中の経済政策に影響を与えることになった。

近年の日本の経済政策も、マネタリズムに大きく影響を受けた。

小泉純一郎内閣の経済政策や安倍晋三内閣のアベノミクスなども、このマネタリズムを真似たものである。

金融業が本業となったアメリカ

この景気回復に味をしめ、アメリカは急速にマネーゲーム国家になっていく。

実は現在のアメリカの主な産業は金融である。現在、アメリカのGDPの20％が金融部門によるものなのである。

この20％というのは、異常値である。

日本のGDPに占める金融部門の割合は6％程度であり、金融大国として名高いイギリスも10％前後である。

金融というのは産業の潤滑油であり、経済の補助的役割なのである。その補助的役割であるはずの金融業が、アメリカでは主役になってしまっているわけだ。

産業としてのバランスはいいわけはない。

また金融部門というのは、それほど大きな雇用は生まない。製造業などのように、労働者を大量に雇用することはなく、一握りの金融マンたちが多額の報酬を得て働いている分野なのである。

アメリカで失業者や生活が苦しい人が多いのは、そのためなのである。

かつてのアメリカはそうではなかった。

何度も触れたように、第二次世界大戦まで、アメリカは「世界の工場」であり、「世界の農場」でもあった。工業製品、農産物などを世界中に供給する輸出大国だったのだ。そして多くの労働者たちは、世界でもっとも恵まれた労働環境にいたのだ。

そのアメリカが今では輸出で稼ぐことをあきらめ、マネーゲームで稼ぐようになったのだ。

そしてアメリカが金融立国となりえたのは、ドルが基軸通貨であるからである。世界中の国々は、貿易の決済としてドルを欲しがる。そして貿易で儲けたお金は、外貨準備としてドルで保管する。

アメリカは世界中からドルを欲しがって集まってくるお金を相手に、マネーゲームを働きかけるのだ。

今のアメリカは、そうやって**「生計を立てている」**のだ。

このアメリカのマネーゲーム化は、しばしば世界を危機に陥れた。

1990年代終わりのアジアの通貨危機も、2000年代のリーマン・ショックも、もとはといえば、アメリカがマネーゲームを強力に推進してきたことが要因となっている。

トランプ大統領が豹変した理由

序章でトランプ大統領が、大統領に就任した途端に豹変したということを述べた。

トランプ大統領は選挙中、財政再建のために、在日米軍だけじゃなく軍事費総額の削減や、他国への軍事支援の縮小を打ち出していた。そして**「世界の警察官をやめる」**という発言も繰り返していた。

しかし大統領に就任した途端、軍事費の大幅な増額を決定し、イスラム国（ＩＳ）などに対しても、アメリカが中心になって壊滅させるという方向に180度転換した。

おそらくトランプ大統領は、大統領に就任してこのアメリカの錬金術に気づいたものと思われる。

現在のアメリカはドルが基軸通貨となっているため、巨額の対外債務、財政赤字を抱えていても、やっていけているのである。

そしてドルの信用というのは、アメリカの軍事力によって成り立っている。

世界中の国々が内心不満を持ちながらも、ドルを基軸通貨として使い続けているのは、「変なことをすればアメリカ軍から攻撃される」という恐れがあるからなのだ。

もしアメリカが世界中から駐留軍を引き上げたり、軍事費を削減したりすれば、ドルの信用力は一気に低下することになる。そうすれば、ドルは基軸通貨として使用されなくなり、アメリカは巨額の借金とまともに向き合わなくてはならなくなる。

もちろんアメリカ経済は、一瞬で崩壊してしまうだろう。

当初トランプ大統領は、ビジネスマンの目で巨額の軍事費がアメリカ経済の重石になっていることを指摘していた。

しかし大統領になって、アメリカ経済の根本を知るにつけ、実はアメリカの強大な軍事力がアメリカの経済的地位を支えていることに気づいたのだ。

ドル防衛がアメリカの命題

アメリカは1971年以降、**「ドルの防衛」**を経済戦略の第一に掲げることになった。

当初はアメリカもドルの信用を守るために、経常収支や財政の健全化などに気を配っていた。

財政や経常収支が赤字になれば、ドルの信用が失われ、基軸通貨の地位が脅かされるかもしれないからである。

そのため、**「ドルの信用が落ちない程度」**には、貿易収支を整えなくてはならない。しかし一度、錬金術の旨みを覚えてしまったアメリカ経済は、なかなかそれができなくなっている。

ニクソン・ショックから10年も経ったときには、アメリカはあまりそういう配慮もしなくなった。財政や経常収支は継続的に赤字となり、1985年にはアメリカはついに債務国に転落した。東西冷戦が終わった後には、さらにその傾向に拍車がかかった。

アメリカは、「財政や経済を健全化して、ドルの信用を得る」ことを完全に諦めたのだ。その代わりアメリカは、ドルに代わる基軸通貨が出てこないようにすることに全力を傾けることになった。

アメリカの経済がいくら悪くても、ドルの代わりになる強力な通貨がなければ、ドルが世界の基軸通貨の地位を維持できる。

通貨というのは、発行国のその時々の経済力だけじゃなく、これまでの慣習も大きく影響する。アメリカ・ドルはこれまでずっと貿易の決済に使われてきたので、決済通貨としての慣習がある。支払う方も、受け取る方も、ドルを慣習的に信用している。

また通貨の信用力というのはその国の経済力だけじゃなく、軍事力も大きく関係している。軍事力のある国の通貨は、やはり信用される。

そのためアメリカは、力ずくでドルに対抗する通貨が出てこないように仕向けるようになった。

つまりは、経済的な信用によりドルを基軸通貨とするのではなく、軍事力をちらつかせてドルの基軸通貨としての地位を守ることにしたのである。

こうしてアメリカは本格的な**「軍事資本主義国家」**となったのだ。

第4章

邪魔されたユーロの挑戦

ユーロの野心

1993年、ヨーロッパで歴史的な大改革が行われた。

EUの誕生である。

EUとは、ヨーロッパ連合のことであり、現在、ドイツ、フランス、イタリアなど、ヨーロッパの28か国が参加している。

EUでは、EU内での労働者の移住の自由化や、関税の撤廃など、画期的な施策が満載だった。あたかもヨーロッパ全体が一つの国家になったような感がある。

このEUの最大の目玉は、実は**「通貨の統合」**だったといえる。

EUの発行するユーロという通貨により、EU域内の通貨は原則として統合された。これにより、EU内ではすべて一つの通貨で買い物ができるようになったのだ。

国内外の人々にとって、これほど便利なことはない。

もちろん各国の通貨を統合するというのは、そう簡単にできるものではない。各国の経済事情、物価などはまったく違うし、経済政策、国家戦略も違う。通貨を統合するためには、そういうさまざまな国家間の相違をすり合わせなければならない。

たとえば日本と中国、韓国が通貨統合することを思い浮かべていただきたい。おそらくそういうことはまず不可能だと、誰もが思うはずだ。今日の日中関係、日韓関係の険悪さを見ると、とても通貨統合などできるような状況ではない。

が、ヨーロッパ諸国も、決して仲良しな関係だったわけではない。ヨーロッパ諸国は、ここ数百年、戦乱を繰り返してきた。特にEUの中心であるフランスとドイツの仲の悪さは、目も当てられないほどだった。今の日中関係、日韓関係の比ではない。

しかし、そういう国家間の確執を乗り越えて、EU諸国は通貨統合に踏み切ったのだ。

EU諸国にとって通貨統合というのは、それだけ意味のあることだったのだ。

ユーロは、2002年に導入された。

このユーロには、ある野心が秘められていた。

ユーロをアメリカ・ドルに代わる世界の基軸通貨にしようということである。

前述したようにアメリカは、貿易赤字、財政赤字が続いており、世界最大の対外債務国でもある。にもかかわらず、アメリカのドルは、相変わらず世界の基軸通貨の地位を保持していた。

ドルは、ニクソン・ショック以来、金との交換をやめているので、紙切れ同然である。

しかしその紙切れが世界の基軸通貨であるために、世界中の国が欲しがるのだ。世界中の国が自国の通貨や金を拠出して、ドルを買う。アメリカは輪転機でドルを刷りさえすれば、世界中の通貨や金が手に入るのだ。アメリカが長い間、双子の赤字を続けているのに経済や財政が破綻しないのは、このシステムがあるからである。

が、借金大国アメリカの通貨が世界の基軸通貨になっているのは、よく考えればおかしいことである。

世界一借金が多い人が、経済的に信用されるはずがない。しかし、世界経済はその信用されない人が発行した証書を、基軸通貨として使用しているのだ。

アメリカ・ドルが基軸通貨として使用されている経緯は前述した通りだが、これは偶然というか、なし崩し的にそうなってしまっただけである。決して世界中の国が納得して今のシステムになったわけではない。

もちろん快く思っていない国も多々あるし、不安に思っている人々も多々いる。

特に、ヨーロッパ諸国はそうである。ヨーロッパ諸国はアメリカよりもはるかに長い歴史があり、「アメリカの先輩」という自負がある。

借金大国アメリカのドルをいつまでも貿易の決済として使わされるのは、メンツにも関わることだった。

そのためドイツやフランスは、「ヨーロッパ全体で結束し、共通通貨をつくってドルの基軸通貨の地位を追い落とせる」と考えたのだ。

アメリカに対する怨恨

ＥＵ発足の最大の要因は、アメリカへの対抗心だといえる。

もちろん、それはまず単純に、アメリカの台頭によるヨーロッパ諸国の地盤沈下という問題があった。アメリカが超大国になってからヨーロッパ諸国の存在はかすんでいき、このままではまずいという焦りもあったはずだ。

が、それよりもヨーロッパ諸国はアメリカに対して「恨み」のような感情を持っていて、それがアメリカに対する強烈な対抗意識になったというほうが強いだろう。

何度か触れたように、アメリカは第一次世界大戦、第二次世界大戦を通じて、世界の超大国に上り詰めた。第一次世界大戦、第二次世界大戦というのは、ヨーロッパの戦争であり、ヨーロッパ諸国は甚大な被害を受けた。

言ってみれば、アメリカはヨーロッパ諸国の犠牲を踏み台にして発展した国なのである。

また第二次世界大戦後も、西欧諸国はアメリカに対して決していい感情は持っていなかった。

冷戦時期の西欧諸国はソ連、東欧と敵対し、アメリカとの密接な同盟関係を築いていたように見える。が、実態は決してそうではなかったのだ。

第二次世界大戦後、西欧諸国の多くは、アメリカの支援なくして国を復興させることができなかった。本来であれば、マーシャル・プランをはじめとして、アメリカは西欧諸国に巨額の支援をし続けた。西欧諸国はそれに感謝すべきだろう。

しかし、そうはならなかった。

というのも、アメリカは無条件に、西欧諸国を支援したわけではなかったからだ。

たとえば、第二世界大戦終戦の年の１９４５年、イギリスはアメリカに対して38億ドルの融資を求めた。戦争により、食糧や原材料などが絶対的に不足していたのだ。また同年フランスも、アメリカに10億ドルの支援を求めた。

アメリカはこの支援を了承したが、それには条件をつけた。

見返りとして、イギリスとフランスのブロック経済の解体を求めたのだ。つまりイギリスとフランスの植民地に対して、市場開放せよと迫ったのだ。

このときのアメリカは農業生産、工業生産で世界を圧倒していて、とにかく**「自由な市**

場」が欲しかったのである。

当時のイギリスとフランスは、植民地保有の1位と2位だった。彼らの植民地を自由市場として開放してもらい、アメリカの農産物や工業製品のはけ口をつくろうとしたのだ。

イギリス、フランスは、アメリカの輸出品の競争力には脅威を覚えており、自国の産業を守るために、なるべくなら市場開放はしたくなかった。しかし、戦争の痛手から立ち直るために、背に腹は代えられず、アメリカの要求に屈したのである。

このようにアメリカは相手の足元を見るような形で、経済支援と引き換えに大幅な経済的利益をせしめていたのだ。

マーシャル・プランによるアメリカのヨーロッパ支配

また前述したように、アメリカは第二次世界大戦後すぐにヨーロッパ諸国に対し、マーシャル・プランという莫大な経済援助を行った。

このマーシャル・プランは1948年から1951年まで、102億6000万ドルを援助した。しかも、このうち90億ドルが返済不要だった。90億ドルというのは、当時のアメリカの年間予算のだいたい20％に相当する額であり、その巨額さは他に類を見ない。

が、このマーシャル・プランも、アメリカにとって非常に有利な条件が付けられていた。なぜならマーシャル・プランは、その使途が厳格に定められており、おおむねアメリカの農産物や工業製品を購入するためのものだった。

つまり、アメリカはヨーロッパ諸国にドルを渡すけれども、ヨーロッパ諸国はアメリカの農産物や工業製品を買わなくてはならなかった。言ってみれば、アメリカが自国の農産物、工業製品に補助金を出したようなものなのである。

しかもヨーロッパ諸国がアメリカの製品を買うことにより、アメリカはヨーロッパ市場に食い込むことができる。アメリカ製品が入り込んできた分だけ、ヨーロッパ製品は駆逐される。ヨーロッパにとって必ずしも経済復興にプラスにはならない。

そもそもなぜアメリカはマーシャル・プランを行ったのか？

当時のアメリカは、巨大な輸出国家だった。

第二次世界大戦終結時、アメリカの輸出は160億ドル近くに達していた。この貿易黒字の大半の相手は、ヨーロッパ諸国だったのである。

が、大戦での国力消耗のため、ヨーロッパ諸国にはアメリカから輸入をする経済力がなかった。アメリカに対して莫大な負債を背負っており、その負債を返済しようにも、その分の金を保有していなかった。

もしヨーロッパ諸国がアメリカからの輸入を止めれば、アメリカの経済も大きなダメージを受けてしまう。160億ドルの輸出ができなくなれば、大量の失業者が生じることになるからだ。

1930年代の世界大恐慌のとき、アメリカでは大量の失業者が発生した。その大きな要因が貿易の縮小で輸出できなくなったことにあるのだ。

アメリカとしては、もうその二の舞は避けなければならない。

そのためヨーロッパ諸国に支援をしたのだ。アメリカ製品を購入できるくらいの経済回復をしてもらおう、ということだったのである。

それと同時に市場シェアの拡大も狙っていた。ヨーロッパの産業が打撃を受けている間に、アメリカ製品を大量に押し付ければ、アメリカ製品のシェアが拡大できる。

つまりアメリカは西欧諸国に莫大な支援をしつつも、着々と世界経済のシェアを獲得していた。それはヨーロッパの企業が持っていたシェアを横取りすることでもあった。

そうやって戦後の世界経済は、アメリカなくしては回らないような仕組みにされていったのである。

アメリカに上納金を納め続けた西ドイツ

ヨーロッパ諸国の中でも、西ドイツはアメリカに対する「恨み」が強かった。

前述したように戦後の西ドイツは懸命に国を復興させ、奇跡的な経済成長を遂げた。しかし、常にアメリカの顔色をうかがわなければならない立場でもあった。ドイツは第二次世界大戦の敗戦国だったので、それは必然でもあった。

西ドイツには、貿易黒字が累積し、膨大な外貨準備（主にドル）がたまっていた。本来、このドルは金に兌換することができる。

何度か触れたように戦後の世界経済は、ドルが唯一の金兌換通貨となり、国際貿易の基軸通貨となっていた。アメリカは求められれば、ドルと金との交換に応じなければならない。その義務を果たすからこそ、世界の基軸通貨として認められたのである。

西ドイツとしては、貿易黒字の分を金として蓄積したい。だから、手持ちのドルを金に交換したいのである。

しかし、西ドイツはなかなかそれができなかった。アメリカが西ドイツの保持する大量のドルを金に交換させないように、圧力をかけていたのだ。

アメリカとしては、西ドイツに「ドルと金の交換」をされれば、金の準備高が大幅に減ってしまう。金の準備高が減れば、アメリカはドルと金との交換に応じられなくなってしまう。そうすればアメリカ・ドルの基軸通貨としての地位は失われてしまうかもしれない。

そのため西ドイツに働きかけ、貿易黒字の分はアメリカ製の兵器を買わせるなどして、金の交換をなるべくさせまいとしたのである。

ドイツとしては、非常に不愉快な話である。

せっかく輸出をして稼いでも、その稼ぎはドルで保管しておかなければならない。金を購入したり、他の使途に使うことが許されないのである。

アメリカ・ドルは1960年代以降、非常に不安定となっており、西ドイツとしては、そういう不安定な通貨をいつまでも持ち続けたくはなかった。隣国のフランスやスペインなどは、手持ちのドルと金との交換をし続けていた。

しかし、西ドイツはアメリカに対してドルと金の交換請求はできなかった。1967年、ドイツ中央銀行総裁のカール・ブレッシングがアメリカ連邦準備銀行議長のウィリアム・マーティンに宛てた書簡には、「ドイツ中央銀行は、ドルを金に交換することはない」と記されているのだ。

西ドイツから見れば、これはアメリカに上納金を納めているようなものだった。

しかし第二次大戦後の西ドイツは、そのアメリカの無茶な要求に屈するしかなかった。もし、それを断ると、アメリカは「駐留軍を撤退させるぞ」と脅したのだ。

ご存知のように東西冷戦当時、ドイツは西と東に分断されていた。西ドイツは「東西冷戦の最前線」にいたのである。もし東西で戦争が起こったら、まず戦場になると予想されるのはドイツだった。

しかも、西ドイツは軍備を制限されている。西ドイツにとって、アメリカ駐留軍というのは頼みの綱だった。アメリカ軍がいなくなってソ連から攻められれば、ひとたまりもないだろう。

つまりは、ドイツはアメリカ軍の庇護《ひご》を受けなくてはならない状況にさせられ、アメリカに対してせっせと上納金を納めるという境遇を強いられていたのだ。

国内最大の工業地帯を連合国に管理されていた西ドイツ

西ドイツの不幸は、アメリカ・ドルを金に兌換できないことばかりではなかった。

さらに過酷な状況があったのである。

西ドイツでは、自国の最大の工業地帯である「ルール工業地帯」を連合国に管理されていた。ルール工業地帯は、推定埋蔵量2200億トンとされる石炭鉱山を中心に形成された西ヨーロッパ最大の重工業地域だった。

このルール工業地帯は第二次世界大戦後、連合国とドイツ周辺国（英、米、仏、ベルギー、オランダ、ルクセンブルク）によって共同管理されることになっていたのだ。

ルール工業地帯は、ドイツの国力、軍事力の源泉であるため、ドイツが二度と軍事大国にならないように、周辺の国が管理しようというわけである。

もちろん西ドイツ国民としては、それが面白いはずがない。

西ドイツ経済にとっても、ルール工業地帯の連合国管理は、大きな重石となっていた。自分の国の資源や工場を自由に管理できないのだから、これほど不便で不合理なことはない。

そういうときにフランスから持ちかけられたのが、欧州共同体計画（EUの原型）だったのである。

フランスのロベール・シューマン外相はフランス、西ドイツ、イタリア、ベルギー、オランダ、ルクセンブルクの6か国の鉄鋼業、石炭業を統合しようと提案したのである。そして、この6国でドイツのルール工業地帯も、共同管理しようというのだ。

このシューマン外相の提案はありていに言えば、アメリカとイギリスをルール工業地帯の共同管理からはずそうということだった。

世界最大の超大国になったアメリカがメンバーの中に入っていれば、必然的にアメリカ主導となってしまう。このままアメリカに西ヨーロッパ最大の工業地帯を牛耳られていれば、そのうち西ヨーロッパ全体がアメリカの属国のようになってしまうかもしれない。西ヨーロッパ諸国は、そう考えたのだ。

西ドイツとしても、どうせ共同管理されるなら、アメリカとイギリスを除いた西ヨーロッパの国々だけで管理してもらったほうがいい。

しかもシューマン外相の提案は、この6か国は西ドイツのルール工業地帯を管理するだけではなく、6か国全体の鉄鋼、石炭業を共同管理しようということだった。西ドイツが差し出すだけじゃなく、6か国全体が持ち寄るということである。

西ドイツにとって悪い話ではない。

このためフランス、西ドイツ、イタリア、ベルギー、オランダ、ルクセンブルクの6か国で1951年に欧州石炭鉄鋼共同体（ECSC）をつくることになった。アメリカ、イギリスはルール工業地帯の管理から手を引くことになったのだ。

アメリカ、イギリスとしても、フランスと西ドイツが「今後は自分たちで共同管理するから」と言ってきたので手を引かざるを得なかったのである。

このように西ドイツ、フランスなどのアメリカに対する強烈な対抗意識が、EU結成の強い動機づけになっているのだ。

フランスとドイツの結託

EUを最初に提議したのは、フランスの外相ロベール・シューマンである。

実は、ヨーロッパ統合の話は、かなり前から出ていたことなのである。昔からヨーロッパのさまざまな政治家がこれを夢想しており、第二次世界大戦直後にもイギリスのチャーチル首相が欧州共同体の構想を発表したことがあった。

しかし、どれも「将来の夢」の範囲を得ず、具体的に話が進むことはなかった。

フランスのシューマン外相だけが、その欧州共同体の構想を現実的に提言し、実行したのである。

そして前述したようにフランス、西ドイツ、イタリア、ベルギー、オランダ、ルクセンブルクの6か国の鉄鋼業、石炭業を統合しようと提案した。

これは西ドイツを助けるとともに、フランス自身を助けることでもあった。

フランスは工業国としての地位は低下しており、西ドイツの助けを借りたい。西ドイツは、アメリカ支配からの脱却を図りたい。そこで両者の利益が合致したのである。

このフランスと西ドイツの結託こそが、この計画のカナメともいえるものだった。

フランスとドイツが手を結んで、国を合体するような施策を行うということは、これまでの関係から見れば奇跡のようなものなのだ。

近代ヨーロッパはたびたび大きな戦争に見舞われてきたが、そのほとんどはフランスとドイツの仲の悪さが原因となっている。

フランスとドイツは現在の国家が形づくられた18世紀以降、幾度も戦争をしている。主なものだけでもナポレオン戦争、普仏戦争、第一次世界大戦、第二次世界大戦などがある。小競り合いも含めれば、数え切れないほど戦っている。

フランスとドイツは国の大きさ、人口ともに、ほぼ互角である。

しかもフランスはカトリックが多く、ドイツはプロテスタントが多い、という宗教上の違いもある。だからこの両国は、ことあるごとに対立してきたのだ。

そのフランスとドイツがまとまって一つの区域をつくろう、というのだから、非常に画期的なことなのだ。

逆に言えば、フランスとドイツは、「仇敵《きゅうてき》と手を組んでもアメリカの鼻を明かしたい」ということだった。両国とも、アメリカに対してそこまで対抗心を持っていたのだ。

ドルの基軸通貨の地位を奪え

フランスとドイツは、最終的にヨーロッパ全体を統合し、アメリカに対抗できる巨大な国家連合をつくろうと画策した。

1951年に欧州石炭鉄鋼共同体(ECSC)をつくった後、それは1958年にはEEC(欧州経済共同体)に発展した。

このときイギリスの加盟も検討されたが、イギリスはアメリカやイギリス連邦との結びつきが強く、「ヨーロッパの連帯」には踏み切っていないということで、お流れになった。

1967年にはEC(欧州共同体)をつくるなど、少しずつ統合を拡大していった。そして2002年には、通貨までも統合する計画を立てていた。

その通貨ユーロは、前述したように世界の基軸通貨になる野心が秘められていた。

そこで、フランスなどのヨーロッパ各国は、金の保有量を着実に増やしていた。

前述したように第二次世界大戦直後には、金の保有量はアメリカが世界を圧倒していた。

世界全体のなんと7割もの金(約2万2000トン)をアメリカ一国が保有していたのだ。

しかし、60年代後半から急激な勢いで、アメリカから金が流出していった。

アメリカの金流出は、1950年代からすでに始まっていた。軍事支援などで激減しはじめたのだ。

60年代に入ると、アメリカの輸出の不振などでさらに流出が加速し、1970年ごろにはその60%が流出し、8000トン程度になってしまっていた。

1960年代、アメリカは西欧諸国に「なるべくドルを金に交換しないように」と呼びかけていた。

しかし、フランスはそのアメリカの呼びかけなどどこ吹く風とばかり、1965年に3億ドル分のドルと金の交換をアメリカに請求した。金の量にして300トン近い。

2015年現在のフランスの金保有量は2400トンだから、その8分の1がこのときにアメリカから運ばれたのである。そして、この金の輸送護衛のために、わざわざフランス海軍の派遣まで行ったのである。

これを見て、スペインも6000万ドルを金に兌換請求した。

フランスやスペインから見れば、今のうちに金を蓄積しておこうということだった。

もちろん、アメリカにとっては大打撃となった。

つまり東西冷戦の真っただ中に、アメリカがもっとも困るようなことを西側諸国が行っていたのである。西欧諸国は、アメリカを心から盟主と仰いでいるわけではなかった。

アメリカの経済不振をしり目に西欧諸国はこの時期、急激に金の保有量を増やしたのだ。

現在、欧州連合（ＥＵ）はアメリカを越える１万トン以上の金を保有している。が、その多くは１９６０年代にアメリカから流入したものなのである。

邪魔されたユーロのデビュー

アメリカ経済が弱体化し、ヨーロッパが大量の金を保有した１９９３年、満を持してＥＵが発足した。

９年後の２００２年には、共通通貨ユーロも発行される予定だった。

アメリカの金の保有量は、８０００トン程度。それに対して、ユーロが保有している金は１万トン以上である。世界でユーロ以上に金を保有している国はない。

しかもユーロには、ドイツという輸出黒字大国が控えている。

この世界最大の金準備を背景にして、ヨーロッパの共通通貨「ユーロ」を発行すれば、ユーロが世界貿易の基軸通貨になるのも夢ではない。

いや、むしろ巨大な貿易赤字を抱え、金の保有量も少ないアメリカの通貨が基軸通貨と

崩壊するツインタワーの裏にとんでもない話が

©ZUMA Press/amanaimages

なっている現在の状況のほうがおかしいのだ。

ユーロが世界の基軸通貨になるのは必然である。

ユーロが世界の基軸通貨になれば、世界経済の中心はアメリカからヨーロッパに戻ってくるはずだ。ヨーロッパはかつての栄光を取り戻せる。

EU諸国は、皆そう思っていたはずだ。

逆に言えば、アメリカにとっては絶体絶命のピンチである。

アメリカが借金大国なのにこれまで経済大国の地位を維持できていたのは、ドルが基軸通貨だったからこそである。

もし、その地位を失えば、アメリカは

史上最悪の借金だけが残されることになる。

つまりユーロの発展次第では、アメリカ経済は破綻してしまうかもしれない状況にあったのだ。

しかし、ユーロのもくろみは、出だしから躓《つまづ》いてしまった。

ユーロ導入の直前に、世界を揺るがす大事件が起こったのだ。

「9・11」である。

この世界的な大事件のため、ユーロ導入の印象は薄れてしまった。

そして大きな戦争が近くなると、軍事力が強い国の通貨が信用される傾向にある。つまりドルが買われることになる。

9・11によって「有事に強いドル」の存在が再認識されることになったのだ。

アメリカにとって、あまりにもタイミングが良すぎると思うのは、筆者だけではないはずだ。

第5章

絶妙のタイミングで起きた「9・11」

ビン・ラディンとアメリカの密接な関係

前章で9・11がアメリカ経済にとってあまりにもタイミングよく起こったということを述べた。

9・11に関しては、これまでもさまざまな疑惑がささやかれている。

が、「ドルの防衛」という面で、9・11が論じられることはほとんどなかった。

本章では、「ドルの防衛」という観点から9・11がどういう意味を持っていたのか、ということを追及していきたい。

9・11というと、ビン・ラディン率いる「アルカイダ」が画策した世界同時多発テロである。

ビン・ラディンやアルカイダというと、

「過激なイスラム原理主義者」

「欧米中心の世界に対して異議を持つイスラム集団」

というイメージがある。

ビン・ラディン（写真中央）も謀殺された！　©Sipa Press/amanaimages

このアルカイダやビンラディンは、実はアメリカと深いかかわりがあるのだ。

というより、かつてアメリカとビン・ラディンは共闘関係にあり、アルカイダもアメリカの協力によってつくられたものなのだ。

そもそもアルカイダは、ソ連がアフガニスタンに侵攻したときに、ソ連と戦うイスラム戦士を集め、支援する目的でつくられたのだ。アルカイダとは、「基地」を意味する言葉なのである。つまり、ソ連と戦うイスラム戦士（ムジャヒディン）たちの軍事訓練を行う場所がアルカイダと呼ばれていたのである。

そしてアメリカの支援を受けてアルカイダをつくったのが、ビン・ラディンなのだ。

ビン・ラディンは、サウジアラビアの名家の出身である。

ビン・ラディン一族はサウジアラビアを代表するような建設企業グループの長であり、いわば財閥家である。サウジアラビアは一握りの王家や財閥が国の富の大半を握っているのだが、その数少ない財閥の中にビン・ラディンはいたのだ。

ビン・ラディンの兄弟は多く、50人程度とされており、ビン・ラディンは男の子の中では17番目といわれている。


1979年に、ソ連がアフガニスタンに侵攻し、「アフガニスタン戦争」が始まると、ビン・ラディンはパキスタンのペシャワールに自費で屋敷を借り上げ、アフガン戦士たちの休息所を提供した。負傷兵たちにチョコレートやカシューナッツを配ったり、資金援助をしたりした。

またビン・ラディンはサウジアラビア有数という家名を利用し、サウジアラビア政府や慈善団体、資産家などから寄付を引き出し、それでアフガン戦士たちの宿舎の建設などの戦費に充てた。

彼の団体には、世界中のイスラムの富豪や慈善団体から多額の寄付が寄せられるように

ソ連の戦車隊がアフガニスタンに侵攻した（1979年）

©ZUMAPRESS/amanaimages

なった。それは総額で3億ドルとも5億ドルとも言われている。彼がこのときにつくった資金調達チャンネルは、そのままイスラム過激派の活動資金に流れていくようになる。

彼らに寄付をした団体には、国際イスラム救済機関、世界ムスリム同盟など、イスラム関係の有名団体がずらりと名を連ねている。

アフガニスタン戦争も10年目に突入した1988年、ビン・ラディンは、独自の組織「アルカイダ」を立ち上げる。アフガン戦士を支援するだけではなく、自らの私設軍をつくったのである。

そしてビン・ラディンには、イスラム教国や関係団体以外にも強力なスポンサーがあった。

アメリカである。

ときは冷戦のまっただ中、ソ連の影響を少しでも排除したいアメリカとしては、アフガニスタンがソ連の手に落ちるのを黙って見過ごすことはできない。なので武器の供与、軍事訓練など、アフガニスタンゲリラを積極的に支援した。

ビン・ラディンのつくったアルカイダにも、アメリカから大量の武器が供与された。アルカイダを育成したのは、アメリカだといえるのだ。アメリカは共産主義に対抗するために、イスラム戦士を育てた。

しかし共産主義が倒れた後にイスラム戦士たちは、アメリカに牙をむくことになったのだ。

アフガニスタン戦争の終結で反米になったビン・ラディン

アルカイダの発足後、1年でアフガニスタン戦争は終わってしまい、彼らはその目標を失ってしまう。そして彼らは、イスラム関係のさまざまな紛争に関わっていくことになるのだ。

1988年、ソ連とアメリカはシュネーブでアフガニスタン戦争の終結に合意した。ビン・ラディンはアフガニスタン戦争の英雄として母国サウジアラビアに迎えられた。彼は国内で圧倒的な人気を博し、各地の講演会に引っ張りダコとなった。

アルカイダはアフガン戦争終結後、スーダンに向かう。スーダンでは1989年6月にイスラム武力勢力によるクーデターが発生し、イスラム原理主義政権を樹立していた。スーダンでは北部のイスラム教徒と南部のキリスト教徒の間で水、石油資源の権利問題などで対立していた。イスラム原理主義政権はアルカイダの活用によって、この問題の解決を図ろうとした。

スーダン政府はアルカイダに宿舎や軍事訓練施設の建設を許した。アルカイダはスーダンにも拠点をつくることができたのだ。

しかし、スーダンではアルカイダはそれほど目立った活動はできなかった。南部のキリスト教勢力には欧米の支援もあり、またスーダン新政府も欧米諸国や国際社会の圧力にさらされ、あからさまにキリスト教徒に敵対することはできなかったからだ。

アメリカとイスラム武装組織の関係は急速に冷えこんでいた。

ソ連が崩壊した後、アメリカは武装組織を支援する必要がなくなった。

むしろ武装組織の存在は、いたずらに世界各地の治安を悪化させるものなので、アメリ力は資金援助をストップしたり、それまで無償で貸与していた武器の回収などを積極的に行うようになった。

イスラム武装勢力としては当然、面白くない。武装勢力に参加した若者には使命感にかられてという者もいるが、職がなく、やることも金もない者が大多数だった。そういう連中は武装勢力から離れても、普通の社会に受け入れ先はない。

そのため支援を打ち切ったアメリカに対する反発心が目ばえることになった。そんな時期にぼっ発したのがイラクのクウェート侵攻なのである。

湾岸戦争をきっかけにテロ活動を開始する

ビン・ラディンは、イラクのクウェート侵攻をアルカイダの活躍のチャンスととらえた。アルカイダをクウェートに送りこみ、アフガニスタン戦争時のように世界中からはイスラム戦士を結集させ、イラクを撃退しようと考え、サウジアラビア政府にそう提言した。しかしクウェートは欧木諸国の石油利権が大きく絡む地域であり、アフガニスタンと同じわけにはいかなかった。欧米諸国がすぐに出兵を検討し始めたからだ。

サウジアラビア政府もイラクの軍事力を恐れ、早々にその脅威から逃れたかった。

サウジアラビアは王国であり、イラクのような非王国（民主的）の影響を恐れていた。サウジアラビアの国名は、「サウド家のアラビア」という意味であり、王家であるサウド家の私的国家ともいうべき体制なのである。

国王が国を支配し、王家以外の者が政権を担うことはない。国の重要ポストは、王家が独占している。典型的な専制君主制であり、民主主義とは対極をなすものである。

一方、イラクはフセインの独裁政権のように言われるが、建前上は民主的に選ばれた政権である。世襲制の王国であるサウジアラビア、クウェートなどから見れば、民主国家だった。そのためイラクの影響で、民衆革命が起きることをサウジアラビア政府は懸念していたのである。

サウジアラビアには、イスラム戦士の地道なゲリラ戦を待っている余裕はなかった。

このためサウジ政府はアメリカ軍の駐留を認め、多国籍軍によるイラク撃退を支持した。ビン・ラディンはこれに大きく失望した。火がつきかけていたアメリカや欧米諸国への敵意がこれで一気に点火することになった。

イスラム教徒にとって総本山であるサウジアラビアにアメリカ軍が駐留したこと、これはイスラム原理主義者たちの逆鱗《げきりん》に触れることになった。

ビン・ラディンはこのことをきっかけに反米活動を開始する。

またイラクのサダム・フセイン大統領は、湾岸戦争とイスラエル問題を巧妙にリンクし、イスラム教徒たちの反欧米感情を煽《あお》った。

「イスラエルがパレスティナから撤退すれば、イラクもクウェートから撤退する」と言うのだ。

フセイン大統領の論法は、

「イスラエルは不法にパレスティナを占拠しているのに、国際社会は放置してきた。なのに、なぜイラクだけを攻撃するのか？」

「イラクを攻撃する前にイスラエルを攻撃するべきではないか？」

これは西側諸国から見れば「盗人猛々《ぬすっとたけだけ》しい」ものにしか映らなかったが、イスラム教徒の人々から見ればある意味、正論とも取れた。

それに呼応するようにビン・ラディンも「アラブ民族主義」的な発言をするようになり、反米、反イスラエルを旗印に掲げるようになったのだ。

「アラブ民族主義」とは、モロッコからイラクまで広範囲に居住しているアラブ民族の大同団結を目指すという思想である。

本来、アラブ民族というのは、イスラム教を中心にまとまっていたのだが、英仏により分断され、個々の国家になってしまった、それをもう一度、統一しようというのだ。

これは1950年代、エジプトのナセル大統領が唱え、アラブ諸国に大きな影響を与えた思想である。西欧の植民地政策に対する反発と、それにともなう民族分断の問題は、アラブ諸国のほとんどが抱えるものだった。その問題の解決策として、ナセルのこの思想は多くのイスラム教徒の支持を集めることになった。

ビン・ラディンもその思想を受け継いだということである。

ビン・ラディンは、欧米諸国に敵意をむき出しにするようになる。

欧米に対するテロ活動を「聖戦」と名付け、この聖戦に参加するように世界中のイスラム教徒に檄《げき》を飛ばした。

ビン・ラディンはその後世界中を舞台にして「聖戦」を繰り広げることになる。

1993年2月26日にはアメリカ・ニューヨークの世界貿易センタービルで爆破テロが起きた。駐車場の自動車に仕掛けられた時限爆弾が爆発し、6人が死亡したのである。

1998年にはケニアのナイロビとタンザニアのダルエスサラームにあるアメリカ大使館に爆薬を積んだトラックが突っ込むテロ事件が勃発した。ナイロビではアメリカ人を含む213人が死亡し、ダルエスサラームでは11人が死亡した。

そして起こったのが、2001年9月11日のアメリカ同時多発テロなのである。

9・11陰謀説とは？

こうして見ると、ビン・ラディンやアルカイダが反米テロを繰り返してきたことは、紛れもない事実である。

だから9・11をビン・ラディンやアルカイダが起こしたことは、動かしがたい事実のように思える。

9・11には陰謀説が根強くささやかれているが、9・11のすべてがアメリカの自作自演だと考えるのは難しい。

が、それでも9・11には不審な点が多々あるのだ。

9・11はアメリカの自作自演ではないだろうが、

「アメリカ政府は、9・11同時多発テロを事前に知っていたのではないか？」

「知っていてわざと攻撃させたのではないか？」

ということについては十分に可能性があることなのだ。

実際、それを裏付ける状況証拠はいくらでもあるのだ。

まずあのような大規模なテロを、アメリカのＣＩＡなどの情報機関が事前に何も察知していなかったというのは、疑問の残るところである。

ワールドトレードセンターのビルの崩壊に関して、

「飛行機の激突では物理的にあのようにきれいに崩壊することはあり得ない」

「内部で爆発物が仕掛けられていたはず」

と主張する科学者なども多数いる。

またワールドトレードセンタービルに関しては、保険に関するきな臭い事実もある。

世界貿易センタービルの所有者は、ラリー・シルバースタインという実業家である。

彼はブッシュ一族とも経済的に関係がある。

彼は、9・11のわずか2か月前に、ビルの権利を所有している。世界貿易センタービルには35億ドルの保険がかけられており、彼はたったの2か月で資産を倍以上も増やしているのだ。

また9・11の前には、テナントはガラガラの状態だった。あまりに引っ越しが多いので、なにかあるんじゃないかという噂が起こっていたという。

9・11ではツインタワーのビルと、もう一つビルが倒壊した。7号棟といわれる47階建てのビルである。

爆発するツインタワー、爆弾が仕掛けられたか

©ZUMA Press/amanaimages

この7号棟の倒壊は、非常に不可思議なものである。

日本ではツインタワーの二つのビルが倒壊したショックで、7号棟も倒壊したと思っている人も多いかもしれない。

しかし、ツインタワーのほかに倒壊したビルはあの7号棟だけである。ほかのビルには、まったく倒壊の恐れはなかった。

この7号棟は、実は人為的に倒壊させたものである。

「危険だから倒壊させると消防署が言った」

と、このビルの所有者は語っている。

しかしビルを倒壊させるには、火薬など入念な準備が必要である。周囲に危険が及んだり、建物がきれいにこわれずに残ったりするからだ。

7号棟はまったくきれいに倒壊した。下準備なしで、あのような倒壊をすることは不可能である。つまり7号棟は、あらかじめ入念に倒壊準備が行われていたとしか考えられないのだ。

そして、もう一つ大きなポイントは7号棟の所有者である。ツインタワーの所有者と同じラリー・シルバースタインなのだ。

この人物はテロで倒壊された三つのビルの所有者であり、莫大な火災保険を受け取っているのだ。

もしこれが日本で起きていたら、マスコミ各社はこの疑惑について徹底的に追いかけるだろう。

こんなにわかりやすい焼け太りはめったにないからだ。

しかし戦争となると一致団結してしまうアメリカはこの当時、細かい検証をまったくしていなかった。そして、ようやく最近になって9・11に対する疑問が語られはじめているのだ。

アメリカのテレビ局ＣＮＮも「陰謀説がある」ということを報じた。

またアメリカの映画監督マイケル・ムーアはこの陰謀説をもとに、ドキュメンタリー映画『華氏911』をつくり、ブッシュ大統領を糾弾した。他に映画『ルース・チェンジ』などでも、陰謀説が取り上げられている。

トランプ大統領もかつて9・11に疑問を投げかけていた

9・11に関しては、アメリカのさまざまな著名人が疑問を投げかけているが、実はトランプ大統領もその一人だったのである。

トランプ大統領は9・11が起きた2001年、すでに不動産王として知られていた。ワールドトレードセンターがあったマンハッタンにトランプタワーを所有しており、ニューヨークの高層ビルに詳しい人物として、テレビのインタビューを受けているのだ。

そのインタビューの中でトランプ氏は、次のように語っている。

「ワールドトレードセンターは、外側が鋼鉄でできており、きわめて頑丈な建物である。ジャンボジェットが追突したくらいで崩壊してしまうのはおかしい」

「しかしジャンボジェットは、スープの缶を破るように簡単にワールドトレードセンター

郵便はがき

料金受取人払郵便

牛込局承認

7734

差出有効期間
平成30年１月
31日まで
切手はいりません

162-8790

東京都新宿区矢来町114番地
神楽坂高橋ビル5F

株式会社ビジネス社

愛読者係 行

ご住所 〒 TEL：（ ）　FAX：（ ）		
フリガナ お名前	年齢	性別 男・女
ご職業	メールアドレスまたはFAX メールまたはFAXによる新刊案内をご希望の方は、ご記入下さい。	
お買い上げ日・書店名 年　月　日　市区町村　書店		

ご購読ありがとうございました。今後の出版企画の参考に
致したいと存じますので、ぜひご意見をお聞かせください。

書籍名

お買い求めの動機

1　書店で見て　　2　新聞広告（紙名　　　　　　　　　　　　）

3　書評・新刊紹介（掲載紙名　　　　　　　　　　　　　　　　）

4　知人・同僚のすすめ　　5　上司、先生のすすめ　　6　その他

本書の装幀（カバー），デザインなどに関するご感想

1　洒落ていた　　2　めだっていた　　3　タイトルがよい

4　まあまあ　　5　よくない　　6　その他(　　　　　　　　　　　　　　　)

本書の定価についてご意見をお聞かせください

1　高い　　2　安い　　3　手ごろ　　4　その他(　　　　　　　　　　　　)

本書についてご意見をお聞かせください

どんな出版をご希望ですか（著者、テーマなど）

この映像はここで見られる！
https://www.youtube.com/watch?v=Rt-IdMj9y9w

を突き破ってしまった」

「私は、ワールドトレードセンターに関与した技術者とともに事件直後に現場を見たが、内部から何らかの操作をしないとあり得ない事故である」

つまりトランプ大統領は9・11には明らかに不審な点があるということを、ビルのデベロッパーの立場でかつて発言していたのだ。

このインタビュー映像は現在、インターネットで簡単に見ることができるので、興味がある方は確認してほしい。

大統領選挙でのトランプ氏の発言

またトランプ大統領は、選挙期間中にも9・11に関して重大な発言をしている。

2016年の大統領選挙では当初、ジョージ・W・ブッシュ大統領の弟のジェブ・ブッシュ氏が共和党の候補として名乗りをあげていた。

同じ共和党の候補として挙がっていたトランプ氏は共和党候補指名の選挙戦において、9・11とブッシュ家の関わりを指摘したのだ。

トランプ氏は「9・11テロが起きた当日、大統領だったジョージ・ブッシュはアメリカに滞在していたサウジアラビアのビン・ラディン一族を秘密裏に国外に逃亡させた」と言及し、その弟であるジェブ・ブッシュ氏に対して、「あなたはアメリカの大統領になる資格はない」と批判したのだ。

ビン・ラディン一族のアメリカ脱出については、2005年のAFP通信によっても報じられている。

「新たに公表された資料によると、米FBI捜査官たちはアメリカからサウジアラビアの二つの著名な家族を空港まで付き添い、国外に護送した」

という記事が配信されたのだ。

そしてこの記事で記述されている「二つの著名な家族」がビン・ラディン一族だということを、トランプ氏は暴露したのだ。

つまり9・11についてビン・ラディン氏とアメリカ政権内部では、何らかの共謀があるのではないか、少なくとも何らかの調整がついていたのではないか、ということである。

トランプ大統領は大統領就任直後にも、「9・11について再調査する」と明言している。

が、なぜかトランプ大統領の9・11に対する批判の刃は、大統領就任後、日を追うごとに鈍っているのだ。それは、トランプ大統領がアメリカの内部事情を知るにつけ、9・11が決して「ブッシュ元大統領の利権」などという範囲の話ではなく、アメリカ経済の根幹を左右する問題だということに気づいたからかもしれない。

9・11陰謀説の動機

もしアメリカが9・11を事前に知っていてわざと攻撃を受けたとして、その動機はなんなのか？

9・11によってアメリカの面目は丸つぶれになった。もしアメリカがテロ組織を攻撃したかっただけならば、あんな大きな事件を起こす必要はない。

では、何のために？

前述したように9・11の前後には、重大な経済事件が起きていた。

その事件とは、ユーロ導入である。

ユーロは2002年1月から導入されることになっていた。

が、その3か月前に9・11が起きたのだ。

長い間、アメリカというのは、経済的には瀕死の状態が続いている。

巨大な財政赤字と貿易赤字が長い間続いており、いつ破綻してもおかしくない。でもアメリカが破綻しないのはドルを発行しているからである。ドルは世界の共通通貨なので多くの国に買われ所有されている。アメリカは輪転機で刷るだけで巨額の資金が流れてくる。

現在、アメリカは経済力を落とし、経済的な信用はない。

なのになぜドルがいまだに世界通貨になっているのかというと、ドルに代わる共通通貨が出てきていないからである。

しかし2002年1月に、ヨーロッパの多くの国で共通して使えるユーロが導入される。

アメリカよりも経済的に安定しているユーロは、ドルに代わって世界通貨になる可能性を持っていた。

もしユーロがドルに代わって世界の共通通貨になれば、アメリカはたちまち破綻してしまう。

そこでアメリカは世界規模のテロを自ら起こしたのではないか、ということである。世界が戦争状態になれば、強力な軍事力を持つアメリカのドルが信用されるからだ。第二次世界大戦後の為替相場では、**「有事の際には、ドルが買われる」**と言われてきた。世界で紛争や戦争が起きたときには、強い軍を持つアメリカのドルが信用され、ドルが買われるのである。

有事のときに、新入りの通貨などはなかなか手を出さないだろう。やはり昔から信頼され、多くの国が使用しているドルを使うはずだ。

世界の基軸通貨の地位を狙っていたユーロにとって国際デビューを果たそうというときに、冷や水を浴びせられたようなものである。

まさにユーロにとって9・11とは、最悪のタイミングで起こった事件なのである。

そして、アメリカは、テロの温床とされてきたアフガニスタンや、反米化したイラクを攻撃する格好の口実を得ることができた。

アメリカにとって一石二鳥の事件だったのだ。

9・11陰謀説を示唆したNHK解説委員が謎の変死

この9・11陰謀説に関しては、他にも驚くべき事実が多々ある。

たとえば、NHK解説委員が謎の変死をした事件である。

当時、NHK解説委員だった長谷川浩氏は、9・11の1か月後の10月15日、NHK放送センタービルの近くで変死体で発見された。

報道では「自室の窓から転落したと見られている」とされていた。

が、長谷川氏は実はこの5日前に、9・11に関して非常に重要な発言をしていたのだ。

彼はNHK特別番組「あすを読む：新しい戦争と世界」の中で自説を述べていたのだが、「世界貿易センタービルの犠牲者の中にユダヤ人が一人もいない」という事実を指摘したのだ。

世界貿易センタービルには、金融機関などが多数入っており、4000人のユダヤ人が勤務していた。そのほとんどが当日、欠勤していたというのだ。9月11日は安息日などではなく、ごく普通の日だったにもかかわらずである。

偶然にしては、あまりに不自然である。

これは歴然たる事実であるにもかかわらず、世界の報道機関はほとんど触れなかった。

その重要な事実を、長谷川氏は語ったのである。

長谷川氏は、その5日後に変死体で発見された。

世界貿易センタービルの所有者であるラリー・シルバースタインは、ユダヤ人である。つまり9・11ではユダヤ人はほとんど犠牲にならず、それどころか保険で大儲けしたということになる。

ミステリー小説だとしたら、あまりに見え透いて面白みがないと思えるほど、図式がはっきりしている事件である。

が、この事件に関して、なぜかマスコミで後追い報道はほとんどなかった。

長谷川氏は当時、NHKのエースといえるような活躍をしていた解説委員だった。国際関係、国際テロに精通しており、NHKニュースの解説主幹として、幾多の番組に出演し、「あすを読む」という自分の番組も持っていた。

普通だったら、これほどの〝スター〟が変死したのであれば、マスコミは大々的に取り上げるはずである。

しかしマスコミは、まるで箝口令《かんこうれい》が敷かれているかのように、ほとんど触れることはなく、小さな死亡記事が出たのみである。

また警察は長谷川氏の司法解剖もせずに、簡単に自殺と断定してしまった。長谷川氏の家族は「自殺原因の思い当たる節はまったくない」という。

「わざと攻撃させて戦争を始める」のはアメリカの常套手段だった

ここまで読んでこられた方の中には、

「9・11では、たくさんの人が犠牲になった」

「いくらアメリカ経済を助けるためとはいえ、こんなに多数の自国民を犠牲にすることがあるのか?」

と疑問を投げかける人も多いはずだ。

9・11陰謀説が今一つ盛り上がらないのも、この点があるからだろう。

「陰謀にしては大きすぎる」

「自国の政府がわざとあんなに多くの犠牲者を出すはずがない」

普通の感覚を持つ人はそう思うはずだ。

が、実は**「自国民をわざと犠牲にして戦争に駆り立てる」**手法は、アメリカの常套《じょうとう》手段ともいうべきものなのである。

アメリカは、これまで何度も似たような事件を起こしているのである。

アメリカは手詰まりの状況を打破するために、わざと敵に攻撃させるということを幾度も行っているのである。

つまり以前に何度もこのパターンで戦争を起こしている。というより、アメリカの戦争はほとんどこのパターンなのである。

たとえば古くは、1898年のアメリカ・スペイン戦争もそうである。

このアメリカ・スペイン戦争は、ハバナ湾でアメリカの軍艦メイン号が突然爆発したことが契機となっている。軍艦メイン号の爆発はスペイン人のしわざだとして、アメリカの世論が沸騰し、対スペイン戦争が勃発したのだ。

当時、アメリカに隣接していたキューバはスペインの植民地だったが、このキューバの独立運動に、アメリカは加担していた。スペインはキューバの独立運動に対して、厳しい締め付けを行ったので、アメリカとスペインの関係は悪化していたのだ。

そんなときにメイン号事件が起きたのだ。

このメイン号爆発事件の原因は今でも不明とされているが、アメリカ政府は「スペイン人によるもの」として戦争に踏み切ったのだ。

このアメリカ・スペイン戦争は、アメリカの大勝利に終わり、スペインはフィリピン、グアム、プエルトリコなどの植民地をアメリカに譲り、キューバの独立を承認することになった。

第一次世界大戦のアメリカの参戦もそうである。

第一次世界大戦ではアメリカの世論は中立を支持していた。

しかし当時、アメリカは連合国側に巨額の軍需品を輸出しており、連合国が敗れるようなことがあれば、輸出の代金が焦げ付くおそれがあった。そのためか、ドイツ軍の潜水艦攻撃がたびたびアメリカ船に被害をもたらすという口実にアメリカは参戦した。

が当時、アメリカはイギリスに物資の補給を続けており、国際法上、アメリカの交易船がドイツ軍の攻撃対象となることは、あらかじめわかっていたことでもあった。それをあえて行い、わざとドイツ軍に攻撃され、参戦に持ち込んだという見方ができるのだ。

真珠湾攻撃にささやかれる陰謀説

また、かの真珠湾攻撃にも、根強い陰謀説があるのは、ご存知の通りである。

ときのアメリカ大統領フランクリン・ルーズベルトは、日本の真珠湾攻撃計画の情報を事前につかんでいた。が、ルーズベルトは日本に攻撃をさせたかったので、真珠湾攻撃の情報をわざと握りつぶし、真珠湾攻撃を成功させた、というものである。

実際に真珠湾陰謀説に関する直接的な証拠はいくつもある。

たとえば、ＦＢＩ長官のフーバーは、真珠湾攻撃の情報を事前につかみ、ルーズベルトに進言していた、と証言したことがある。また映画００７のモデルともされているナチスとイギリスの二重スパイ、ドゥシャン・ポポヴなども、真珠湾攻撃の情報を事前につかみＦＢＩに流したと回顧録に記述している。

アメリカ側が真珠湾攻撃を事前に知っていたことを示す具体的な根拠には、まずアメリカ太平洋艦隊の空母三隻が真珠湾にいなかったことが挙げられる。

日本が宣戦布告した場合、真珠湾が最初の攻撃対象になる可能性は、以前から指摘されていた。真珠湾は浅瀬で魚雷が使えないこと（当時はそう思われていた）から、攻撃されるとすれば艦載機による爆撃だった。空母は戦艦に比べ装甲が薄いことから、爆撃されれば被害が大きい。

つまり真珠湾攻撃の時点では、爆撃に強い戦艦だけが真珠湾に残り、爆撃に弱い空母が真珠湾にいなかった、ということである。

また空母エンタープライズを擁《よう》するアメリカ第八機動部隊は真珠湾出航後、行動を秘匿し、二十四時間の哨戒《しょうかい》を行っていた。そして国籍不明の船舶、航空機、潜水艦が発見された場合には、攻撃するよう命令されていた。

当時は、まだ日本と開戦する前のことである。第八機動部隊のこの行動は「アメリカ軍が事前に真珠湾攻撃を知っていた」とする根拠として挙げられることが多い。

真珠湾攻撃というと、アメリカ軍が甚大な被害を蒙ったものである。アメリカの太平洋艦隊の戦艦8隻のうち5隻が沈没、3隻が大破している。

また戦死も2000人以上である。

もしアメリカ政府がわざと日本に攻撃させたとすれば、このような犠牲を払ってまでアメリカ政府は何をしたかったのか？

実は真珠湾攻撃直前のアメリカ政府というのは、第二次世界大戦に参加したくて仕方がない状況だった。ヨーロッパ戦線ではフランスが降伏し、イギリスも降伏寸前まで追い込まれていた。

アジア地域では、日本が占領地域を拡大していた。これ以上、日本を野放しにしていれば、南方の石油資源を入手して国力が増強し、アメリカの石油禁輸政策も意味をなさなくなる。そして、東アジア全体の権益を日本に握られてしまうかもしれない。

またヨーロッパもドイツが席巻しており、もしこのままドイツがヨーロッパを支配すれ

真珠湾で日本軍の攻撃を受けて炎上する戦艦アリゾナ

ば、アメリカはヨーロッパ市場から締め出される恐れがあったのだ。つまり世界全体でアメリカに非常に都合の悪い事態となりつつあった。

しかし、当時のアメリカ政府には、戦争ができない事情があった。アメリカ国民が戦争を嫌っていたのだ。アメリカという国は自由主義であり、個人主義である。個人、個人が自己の利益を追求するのを是とする国民性がある。戦争というのは、ごく一部の人たちを除いては、損にしかならない。

そして第二次世界大戦は、アメリカとは直接関係のない場所で行われていた。アメリカは自国の領土や植民地が侵攻されたわけでもなく、攻撃を受けたわけでもない。

だから、当時のアメリカの国民性として

は、戦争に参加しなくていいじゃないか、ということだったのだ。

太平洋戦争が始まる1年前の大統領選挙でルーズベルト大統領は、アメリカ国民に対して「アメリカに関係ないところで行われている戦争には参加しない」と明言していた。

第一次大戦では、アメリカは終盤に参戦し、10万人以上のアメリカ人が犠牲になっている。そのため、アメリカでは厭戦《えんせん》気分が蔓延《まんえん》していたのだ。

しかしアメリカの財界や首脳部たちは、アメリカが国際貿易から締め出される前に、どうにかしてドイツや日本を排除しなければならなかった。そこで日本を石油全面禁輸や資産凍結などで締め上げ、わざと先に攻撃させたということである。

ベトナム戦争も陰謀によって開戦となった

さらにベトナム戦争も似たような経緯がある。

ベトナム戦争のアメリカの本格介入は、「トンキン湾事件」が契機となっている。

トンキン湾事件というのは、1964年8月、北ベトナム沖のトンキン湾で北ベトナム軍の艦艇が、アメリカの駆逐艦に魚雷を発射したとされるものである。

これによりアメリカの世論はベトナム戦争参戦に大きく傾き、時のリンドン・ジョンソ

テト攻勢で南ベトナム解放民族戦線に攻撃され避難する南ベトナム市民

ン大統領は、ベトナムへの本格的な参戦を決定した。

当時アメリカはベトナムの社会主義政権樹立を危惧しており、政権打倒を画策していた。が、国民世論が戦争に反対していたために、戦争への本格介入が果たせなかったのである。

しかし、このトンキン湾事件のために、ジョンソン大統領はベトナムへの本格介入を指示し、アメリカ議会も圧倒的多数で大統領支持を決議した。これにより、悪名高いアメリカの「北爆」が開始されたのである。

が、このトンキン湾事件は、その後の「ニューヨーク・タイムズ」紙により、アメリカ国防省の陰謀だったことが暴露された。

このようにアメリカはその短い歴史の中で、何度も**「不意に攻撃を受けたフリ」**をして、戦争を起こしてきたのである。

だから9・11にアメリカ政府の何らかの関与があったとしても、決して不思議ではないのだ。

9・11で一番得をしたのは誰か？

9・11の真相を追及することは、筆者の取材能力の限界を超えているので、これ以上の言及は避けたい。

が、犯罪捜査の基本である**「その事件によって誰が得をしたのか」**を考えた場合、それは間違いなくアメリカということができる。

アメリカは、本土の、しかも中心部を民間航空機で突撃されるという前代未聞の攻撃を受けた。

これは、アメリカのメンツを大きくつぶしたようにも見える。

しかし、つぶされたメンツよりも多くのものを、その後、アメリカは得ることになる。

ユーロは導入時に出鼻をくじかれたため、「基軸通貨になる」という目的は一頓挫《とんざ》してしまった。アメリカのドルは世界基軸通貨の地位を守り、アメリカ経済はとりあえず安泰となった。

またアメリカは多大な被害を受けた「被害者」として、テロ撲滅を世界に訴え、その後、多くの地域で戦争を仕掛けることになる。

これにより世界は、アメリカが世界最強の軍事大国であることを再認識させられることになった。そしてそれは、ドルの信用力を高めることに大いに役立った。ユーロの存在は、すっかり影が薄くなってしまったのだ。

「アメリカは軍事力を誇示することで、ドルの信用力を高め、世界の基軸通貨としての地位を守る」

そういう図式が完全にできあがったのである。

そのためアメリカは、その後もたびたび軍事力を誇示することになったのである。

第6章

アメリカがイラク戦争を仕掛けた本当の理由

アメリカとサウジアラビアの密約

「9・11」は、アメリカの対外戦略を大きく変えることになる。テロの撲滅《ぼくめつ》を口実にして、積極的に戦争を起こすようになったのだ。

具体的に言えば、アルカイダ壊滅を理由としたアフガニスタンへの攻撃、それとイラク戦争である。

アフガニスタンへの攻撃は別としても、イラク戦争には疑問点が多く残る。

詳細は後述するが、イラクはアルカイダとは関係していないし、むしろ敵対関係にあった。またアメリカが主張した大量破壊兵器の所有も結局、虚偽の情報だったことが判明した。

なのに、なぜアメリカはイラクと戦争をしたのか？

そこにも、実は**「ドルの防衛」**が絡んでいるのだ。

なぜなら中東の石油とドルは、実は以前から深い関係があったのだ。

ドルが金との兌換をやめても、世界の共通通貨として君臨できたのは、前述したように第二次大戦後のアメリカの圧倒的な経済力で世界中にドルで支援をしたからである。が、もう一つ大きな理由があった。

それは、石油の売買はドルで行わなければならないという暗黙の了解があったからだ。石油は20世紀以降、人類がもっとも必要とするエネルギー資源となった。国家や社会の血液と言ってもいいだろう。

この石油取引は実は、ドルでしか取引ができないようになっていたのだ。

なぜそういうことになっているのかというと、話は第二次大戦までさかのぼることになる。

この大戦中にアメリカはサウジアラビアとの間で、ある密約を交わした。

「ワシントン・リヤド密約」というものである。

「ワシントン・リヤド密約」は公表されてはいないが、これは公然の秘密である。

スエズ運河に停泊中のアメリカ巡洋艦クインシー上で、アメリカのルーズベルト大統領とサウジアラビアの初代国王イブン・サウドとの間で極秘会談が行われた。

このときにアメリカは共産主義からアラブ諸国を守る代わりに、アラブ諸国はアメリカに対して経済的恩恵を与える、という約束をしたのだ。アラブ諸国がアメリカに与えた経済的恩恵とは、具体的に言えば、**「中東の石油取引はすべてドルで行われる」**ことである。

このとき以来、世界の石油取引は、すべてドルで行われるようになった。

日本がアメリカ以外の国から石油を購入するときでもそうである。石油を買うほうも、売るほうも必ずドルを使う。

だからドルは大量に必要とされ、世界各国はドルを買わなければならない。アメリカ政府は輪転機を回すだけで、莫大な資産が流れ込んでくるという仕組みになったのだ。

フセイン大統領が犯したタブー

現在のアメリカに、第二次大戦直後のような経済力はない。

というより、巨額な財政赤字を抱える世界一の借金国であり、いつ破綻してもおかしくないような状態にある。にもかかわらず、アメリカのドルが世界通貨として使われ、アメリカが破綻しないのは、世界経済のかなめである石油取引をドルだけが握っているからなのだ。

戦後、石油取引をドル以外で行おうとした国は、それまでもいくつかあった。

経済的に信用のない国の通貨を、大事な石油取引にそうそういつまでも使ってはいられない。そう考える国がでてきてもおかしくはない。

拘束され裁判にかけられるサダム・フセイン（のちに絞首刑）
©ZUMA Press/amanaimages

イスラム国の経済優等生マレーシアや反米感情が強いイランなどで、そういったもくろみがあった。が、実際には踏み切れなかった。

もしそういうことをすれば、アメリカがどういう行動に出るかわからなかったからだ。

しかし、石油取引をドル以外の通貨で行うことを決定した国が、今まで一国だけある。

それがイラクなのだ。

2000年9月24日、イラクのフセイン大統領は石油代金として今後ドルは一切受け取らない、と発表した。

ドル以外の通貨、具体的に言えば、ユ

ーロを中心とした通貨で石油の取引を行うとしたのだ。

当時イラクはクウェート侵攻により経済制裁を受けており、自由な輸出入は禁止されていた。国連を通さなければ貿易はできないことになっていた。人道的物資に限り輸入が許され、それに見合う量だけの石油の輸出ができたのだ。

国連はイラクの申請の1か月後の10月30日、イラクの意向を受け入れることにした。国連としては建前上、ドルでの取引を強制する理由はなかったからだ。

このイラクのユーロ建ての石油取引を行ったのは、フランスとロシアの石油会社だった。当時のイラクはアメリカ、イギリス以外の欧米諸国とは比較的うまくやっていたのである。

これにより初めて石油取引がドル以外の通貨で行われることになったのだ。

アメリカは悔しかったに違いないが、表面的に異を唱えることはできない。イラクは一応、国連の言うことを聞いていたからだ。

しかしアメリカが何かをしてくるんじゃないか、という恐れを抱く関係者も多かった。

そのちょうど1年後に「9・11」は起きたのである。

そしてイラクは、アメリカからテロの報復相手の一つに名指しされた。

イラク戦争という陰謀

9・11から2年後、アメリカとイギリスによってイラク戦争が開始された。

このイラク戦争は、最初から不審な点が満載だった。

アメリカは、「イラクはアルカイダを支援している」「イラクが大量破壊兵器を持っている」として戦争に踏み切った。

しかし当時のイラクはアルカイダを支援したり、大量破壊兵器を保持できるような状態ではなかった。

イラクは1992年のクウェート侵攻により、多国籍軍から攻撃を受けた。いわゆる湾岸戦争である。この湾岸戦争で多大な被害を被った上、その後の経済制裁で、イラクの経済は瀕死の状態だった。

イラクが再び他国を侵略する準備をしたり、テロを支援するような余裕はなかったのである。

またそもそもイラクとアルカイダには、何の接点もなかった。というより、両者は敵対関係にあった。

もともとアルカイダというのは、フセイン政権のクウェート侵攻に強く反発し、アメリカに頼らずアラブの義勇軍でイラク軍を駆逐しようという目的を持っていたものである。つまりは、反フセインなのである。

だからアルカイダとイラクを結びつけて考えるのは、非常におかしいのだ。少しでも中東情勢に明るい人ならば、こういう間違いには容易に気づくはずだった。

もちろんアメリカもこれを知らないはずはない。知っていながらわざとイラクとアルカイダを結びつけ、無理やりイラクを叩く理由付けをしていたと考えられる。

フランス、ロシアなど国連の安全保障理事会のメンバーをはじめ、ドイツ、中国など世界各国もこの戦争には異を唱えた。

しかしアメリカは、イギリスの理解をとりつけ、強引に開戦したのである。

イラク戦争はドル防衛戦争だった

もちろん湾岸戦争で打撃を受けていたイラクは、英米の攻撃に耐えられるわけはない。アメリカ軍はＧＰＳ誘導弾、レーザー誘導弾などのハイテク兵器を駆使し、イラク全土をわずか１か月で制圧してしまった。

世界は、いやがうえにもアメリカの強大な軍事力を見せつけられることになった。

この「軍事力の誇示」も、アメリカにとっては大きな目的だったと思われる。

アメリカが圧倒的な軍事力を見せつけることは、**「ドルの地位を脅かすものは許さない」**という無言のアピールでもあった。

アメリカがイラクに無理やり戦争を仕掛けたのは、明らかにドルの基軸通貨としての地位を守るためだと思われる。

もしイラクのユーロ建て原油取引を許せば、イラクにならいアメリカの脆弱なドルを嫌って、今後、ユーロ建てで取引をする原油産出国が続くかもしれないからだ。原油産出国だけじゃなく、世界中の貿易でドルではなくユーロが使われるようになるかもしれない。

そうなれば、アメリカはただの借金大国となり、破綻してしまう。だからアメリカはイラクを叩く必要があったのだ。

実際、アメリカの開戦理由だった「大量破壊兵器」は結局見つからなかった。アメリカ政府は、イラクが大量破壊兵器を持っていなかったことを初めから知っていたのではないかという疑惑も取りざたされている。

またイラクがアルカイダを支援しているというアメリカの指摘も、まったく根拠がないということが判明した。

2008年3月、アメリカのテレビ局ABCはアメリカ軍が「旧フセイン政権とアルカイダは関係がなかったという報告書を作成した」と報じたのだ。

そしてアメリカは、イラク戦争でフセイン政権が崩壊するとすぐにイラクの石油取引をドル建てに戻している。アメリカの戦争目的は、実は明白だったのだ。

フセイン政権の残党がつくったイスラム国

このイラク戦争は、現在の中東不安の大きな要因となり、世界中でテロを頻発させる契機となった。

2014年、シリアとイラクの国境地域に出現した「イスラム国」も実は、イラクのフセイン政権の残党たちがつくったものなのである。

イスラム国の指導者には、イラクのフセイン政権のバース党が中心になっていることがわかっている。

バース党というのは、アラブ・ナショナリズムを趣旨とする政党で、フセイン大統領の権力基盤でもあった。フセイン政権時代のイラクはバース党の一党独裁であり、イスラム

イスラム国は宗教的なものではなく政治闘争 ©POLARIS/amanaimages

国にそのバース党の生き残りが参加しているということは、フセイン政権が参加しているのと同様なのである。

イスラム国の最高指導者アブー・バクル・アル・バグダディーはイラク出身であり、一時期バース党で活動していたという情報がある。

また首相格の一人であるアブー・ムスリム・アル・トゥルクマーニーは、イラクの情報機関の中佐を務めていた。もう一人の首相格だったアブー・アリ・アル・アンバリも元イラク軍の司令官だったのだ。

他にもイスラム国の幹部たちの多くは、イラクのバース党出身者なのである。

イラクではフセイン政権が倒れて以来、元フセイン政権の要人の多くが追放されたり、職を追われたりした。またフセイン大統領の属していたイスラム教スンニ派は、現在のイラク政権から迫害されている。フセイン政権のバース党は、スンニ派が中心になっていたので、その反動が来ているのだ。

これらの元フセイン政権の幹部たちの不満のはけ口としてつくられたのが、イスラム国なのである。

アメリカのドル防衛戦争が世界中でテロを頻発させた

イラク戦争後のイラクは混乱をきわめ、治安は最悪のレベルになり、アメリカは戦争終結から5年が経っても、駐留軍を引き上げることができなかった。

イラクでは2003年3月のイラク戦争開戦以来、12万〜15万人規模の米軍が駐留し続けてきたのだ。イラク戦争自体でのアメリカ人戦死者は少なかったが、その後の治安維持活動などで多くの犠牲者を出した。2008年の時点で、アメリカ軍兵士の死亡者は開戦以来4000人を超えていた。アメリカにとってベトナム戦争以来の大戦争ということになる。

アメリカとしては、いつまでもイラクに大規模な駐留を続けている余裕もなかったので、オバマ政権は2011年までの完全撤退を決定した。

2009年6月末までにイラクの都市部から郊外の基地に戦闘部隊を撤収し、9月末までに1万2000人の戦闘部隊をイラクから撤収した。そして2010年8月末までにイラクでの戦闘任務を終了し、2011年末までに治安部隊も含めイラクから完全撤退したのだ。

しかしアメリカ軍が撤退した途端に、勃興してきたのがイスラム国なのである。

イスラム国は世界各地のテロと間接的に関わったり、捕虜や外国人を処刑したり、占領地の女性や子供を売買するなどで世界中から非難を浴びた。

そこでアメリカを中心とした有志連合による空爆が行われることになった。2017年秋には、イスラム国の最大拠点とされていたラッカが陥落し、イスラム国は事実上、崩壊したとされている。

が、まだ残党も多く存在し、中東にはさまざまな反政府団体が混在していることから、テロリストの隠れ場には事欠かない状態となっている。

それもこれも、きっかけはアメリカが始めたイラク戦争なのである。

アメリカがドルを防衛するためにイラク戦争を仕掛け、それが中東を不穏にさせた。その中東の不穏の影響が現在、世界中に拡散されているのである。

つまり現在、世界中で多発しているイスラム系のテロは、もとはといえばアメリカが原因だといえるのだ。

第7章

ドルの地位を脅かすものたち

ユーロの強みと弱み

前述したようにユーロは導入直前に、9・11が起き、出鼻をくじかれてしまった。ユーロはアメリカ・ドルよりも強みがあり、ドルに代わって世界の基軸通貨を狙う格好の位置にあった。

まずユーロは、EUという巨大な市場を一手に担うことができる。そして、EU諸国と域外の国との貿易でも、ユーロの使用が期待された。

ユーロは「9・11」で出鼻をくじかれたものの、その後は順調に世界基軸通貨への道を歩み始めた。

ユーロは部分導入だった1999年の時点で、すでに世界の外貨準備高の17・9％を占めていた。しかもそれが2009年には27・6％にまで増加したのだ。

逆にアメリカ・ドルは1999年には71・0％だったのが、2009年には62・1％にまで低下した。

もし2001年の9・11が起きなければ、もっとユーロのシェアは迅速に拡大していた可能性が高い。もしかしたら2000年代のうちに、アメリカ・ドルに代わって基軸通貨の地位を奪えたかもしれない。

が、ＥＵも、その後ももくろみ通りにうまくいったわけではない。

ＥＵは発足当初から、域内での格差が大きいという弱点を抱えていた。

ＥＵ加盟国の中には経済基盤の強い国もあれば、弱い国もあり、弱い国に対してＥＵ全体でカバーしていかなければならないのである。そのカバーのシステムが、まだきちんとつくられていないのである。

それが、ギリシャ危機として表面化した。

ギリシャは、もともとドイツなどと比べればはるかに経済基盤が弱い上に、財政も思わしくない状態だった。そこでＥＵに参加して、経済を向上させようともくろんだのだ。

ＥＵに参加すれば、その国はＥＵの信用を利用して、自国だけでは発行できないような巨額の国債が発行できる。ギリシャはその仕組みを利用して、自国の財政の体力を超える国債を発行した。その国債が重石になり、財政危機に陥ってしまったのだ。

このギリシャの財政危機に対し、ＥＵは自力では救済できず、こともあろうにＩＭＦに救済を求めたのだ。

ＩＭＦとは「国際通貨基金」という名称ではあるものの、前述したようにアメリカが最大の出資国であり、アメリカを中心につくられた機関である。ＩＭＦの議決に関しては、参加国中アメリカだけが拒否権も持ち、事実上、アメリカが支配している機関である。

このＩＭＦに頼ったということは、アメリカに頼ったということと同義語なのだ。

この一件で、まだＥＵにはアメリカに代わって国際経済を取り仕切るだけの実力がないことを世界に露呈してしまった。

ギリシャ危機の後、世界の外貨準備におけるユーロのシェアは急激に下がり、２０１６年時点では、外貨準備のユーロ比率は20％前後に落ちた。その間にドル比率は64％前後に回復している。

人民元の挑戦

これまで述べたように、ＥＵのユーロは、アメリカ・ドルの基軸通貨の地位を脅かすために導入されたものだが、アメリカの妨害行為もあり、今一つ伸び悩んでいる。

イギリスがＥＵからの離脱を決定したこともあってユーロが今後爆発的に成長して、ドルにとって代わる可能性は少ないといえるだろう。

が、消去法により、アメリカ・ドルの安泰がこれまで通り続くかといえば、そうでもない。

強力なライバルが控えているのだ。

中国の人民元である。

中国経済の強さの源は、なんといっても人口の多さである。

中国は世界最大の13億人の人口を抱えている。その多くは、ある程度の教育を受けている。この莫大な人口がまともに稼働すれば、生産力で他国が太刀打ちできるものではない。しかも中国の強さというのは、いまだに「発展途上」であることである。つまりは、先進国に比べてはるかに大きな「ノビシロ」があるのだ。

中国は現在、アメリカに次いで世界第2位のGDPとなっている。しかし中国人の平均収入は、今でも日本人の4分の1しかない。

中国人の収入は急激に上昇しているが、それでもまだ先進国に比べれば、全然低いのである。つまり中国の「人件費の安さ」という強みは、まだまだしばらく続くのである。

そして人件費が上がれば上がったで、中国の経済規模はそれだけ大きくなるということである。中国の影響力はますます強くなる。

中国人の給料が今の倍になったとすると、GDPも2倍に近くなるだろう。アメリカをはるかに引き離す、超巨大な経済大国になっているはずだ。しかも、それでもまだ日本人の平均給料の半分程度なのである。

中国経済は、これまでのような高成長は鈍るとしても、経済成長自体が止まるようなことは、しばらくないはずだ。中国にはまだまだ未開発の地域は多々あるし、収入も先進国よりははるかに低いのだ。

中国という国の規模がどれだけ大きいか、どれだけのノビシロを持っているか、ということである。

アメリカ・ドルを脅かす存在が現れるとすれば、それは間違いなく中国の人民元だろう。

中国の人民元は、まだ国際貿易の決済通貨として認知されていないので、基軸通貨になるには程遠いという声もある。

確かに、まだ国際的な決済通貨としての利用度は低い。

たとえば、２０１７年にＩＭＦが発表した世界の外貨準備の通貨のシェアは、１位がアメリカ・ドルで約64％、２位がユーロで約20％だったのに対し、中国の人民元は７位で、わずか約１％に過ぎなかったのである。日本の円よりもはるかに低いのだ。

しかし、これをもって、まだまだ中国はアメリカにかなわない、と思うのは早計である。

2017年　世界外貨準備シェア

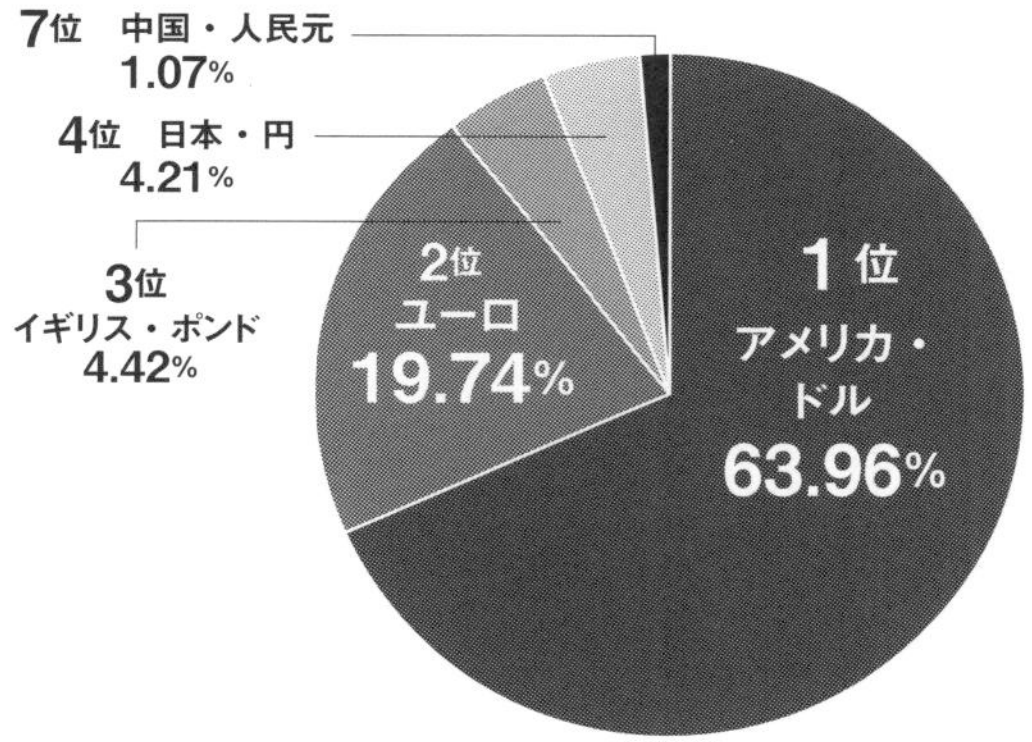

なぜなら基軸通貨というのは、国の経済力を反映するのに若干の時間的なロスがあるのだ。

イギリスは、19世紀の時点ですでに工業生産においてアメリカとドイツに抜かれ、第二次世界大戦では、アメリカの支援なくしては復興できないほど経済が疲弊していた。それでもイギリスは、18世紀後半から20世紀前半まで長らく世界の金融センターとして君臨してきたため、世界の貿易ではイギリスのポンドが使われ続けたのだ。

１９５７年の時点でも、ポンドは実に世界貿易の40%で使われていたのである。何度か触れたように、１９４４年のブレトン・ウッズ会議において、アメリカ・ドルが唯一の金兌換通貨として、世界の基軸通貨となることが承認された。にもかかわらず、急に世界貿易のすべてがドルで決済されるというわけではなく、これまでの慣例からポンドを使い続ける国も多かったのだ。

イギリス・ポンドは、1957年時点では40％もシェアを持っていたのに、現在は世界の基軸通貨としての地位はほとんど失っている。それは、もちろんイギリス経済の衰退が反映されてのことである。

だから、あと50年たてばアメリカ・ドルが基軸通貨として使用されなくなり、中国の人民元がとってかわるという可能性は十分にあるのだ。

AIIBの脅威

中国の人民元は、これから急速に世界に普及する可能性がある。

なぜなら、中国は現在、その経済力にものを言わせて、世界中に人民元をばら撒こうとしているからだ。

たとえば、最近話題になっているAIIB（アジア・インフラ投資銀行）である。

AIIBは1000億ドルを出資金として集め、それをアジア各地の開発に投資するという目的を持っており、中国版マーシャル・プランとも呼ばれている。

第二次世界大戦後、アメリカがヨーロッパ諸国に大規模な支援をしたように、中国もアジア各国に大規模な経済支援、経済協力をしようということである。

中国がカネを出し、そのカネを参加各国の開発投資に使おうという趣旨を持っている。そして開発地域は、歴史的にシルクロードが通っていた地域が重点的になるとされている。

中国が現在、世界第2位の経済規模になっていることは、ご存知の通りである。しかも、中国はアメリカと違って、純債務国ではなく、純債権国である。つまり、他国から借りている金よりも、他国に貸している金のほうが多い、という状態である。

「他国を支援する経済力」は、すでにアメリカを抜いているかもしれない。

その中国が主に中国のカネを使って、経済支援や経済協力をするというのだから、世界各国にとっては悪い話ではない。

日本とアメリカは、このAIIBに今のところ参加を見送っているが、世界中の国は興味を示している。

イギリスはいち早く参加を表明し、ドイツ、フランスなどの西欧諸国も次々に加盟した。アメリカと強いつながりを持つ韓国、オーストラリアも参加している。

2016年8月には、カナダが参加を表明した。カナダは、アメリカともっとも親密な関係を保ってきた国である。カナダ政府はAIIBの参加について、アメリカ政府と連絡を取り合っていると述べているが、アメリカの機嫌を多少損なったとしても、AIIBには魅力があったということだろう。

2017年3月現在で70か国が加盟しており、さらに数十か国が加盟を検討していると見られている。これは日本が主導して運営されているアジア開発銀行の参加国数を上回るものである。


出資金はすでに半分が集まっており、中国は出資金のうち30％程度を負担する。もちろん、それは出資国の中では最大である。

AIIBは出資額に応じて議決権があり、中国の議決権は26％程度になる見込みである。AIIBの議決には75％以上の賛成が必要なので、中国が議決権26％を行使して反対すれば、その事案は通らないことになる。つまり、中国が拒否権を持っているのと同様である。この方法は、実はIMFや世界銀行を真似たものなのである。

前述したようにIMFや世界銀行は、議決をする際に85％の賛成が必要である。アメリカは加盟国の中で唯一15％以上の出資をしており、15％以上の議決権を持つ。そのためアメリカが反対した事案は、絶対に通らない（つまりアメリカは拒否権を持つ）ことになっているのだ。

中国としてはIMFや世界銀行に匹敵するような機関を、中国が中心になってつくりたいということだろう。

このＡＩＩＢでは、現在のところ主にドルが使用される予定である。が、中国はゆくゆくは人民元を導入しようという考えを持っているようだ。特に中国と関係の深い地域の開発などでは、人民元が使われるようになる可能性は高い。

このＡＩＩＢは、中国が元を世界経済に普及させるという目的も持っているとみられている。ＡＩＩＢが本格的に始動し、事業が成功すれば、人民元の認知度が急激に上がることも考えられる。少なくとも中国の国際的な信用度は、かなり高まるはずである。

無視できない中国の国際経済支援

ＡＩＩＢに限らず、中国の世界経済における影響力は、近年、急激に大きくなっている。中国は、ＡＩＩＢをつくるかなり前から、すでに世界各地で相当な規模の経済支援や経済協力を行っている。

中国がアジア地域で強い影響力を持ちつつあることはすでに知られているが、実はアフリカでもかなりの影響力を持つようになっている。

中国は近年、急激な経済発展をしており、それにともないエネルギーや鉱物資源を大量に必要とするようになった。

そこで、アフリカの資源を確保するために、アフリカ諸国に経済援助や投資を行っているのである。中国は欧米諸国に代わって、昨今、アフリカにおいて大きな影響力を持ちつつある。


中国は2000年から、アフリカ諸国の48か国の首脳を集めて「中国・アフリカ会議」を開催している。これは中国からアフリカ諸国に経済支援をする代わりに、石油などの資源を中国に優先的に輸出することを協議した会議である。

この会議は3年ごとに開かれており、開催地は北京とアフリカの都市が交代で担っている。2015年には、南アフリカのヨハネスブルクで開かれた。

2006年11月に北京で開かれた第3回会議では、中国はアフリカ諸国に対して50億ドル拠出することが決定した。

そして2009年の第4回会議では100億ドル、2012年の第5回会議では200億ドルと額を増やしていき、2015年の第6回会議ではなんと600億ドルもの巨額の拠出をすることになった。

600億ドルというのは、日本円で7兆円近い額である。日本のODA予算が現在

5000億円から6000億円なので、その10倍以上のお金をアフリカ地域だけに拠出するというわけである。

まさに「桁違《けたちが》い」の国際支援である。

アフリカ諸国も中国に対しては好感を持っていることが多い。

中国は、アフリカで植民地持ったことがない（欧米諸国のように）ので、アフリカ諸国は中国に対して敵対心を持っていないのだ。

また中国は、アフリカ諸国を支援する際に「条件をつけない」ことが多い。ほかの欧米諸国や日本の場合、「経済援助が軍事目的で使われないこと」「人権に問題がある政権には援助しない」などの条件がつけられる。

中国の場合は、そういう条件は一切抜きにして「何に使ってもけっこう」ということで援助が行われるのである。だからアフリカ諸国の政府は、中国の支援や経済協力を歓迎することが多いのだ。

しかし、そのために中国の援助は、軍事独裁政権の武器として使われるケースも多々あった。たとえば、ロバート・ムガベ大統領の人権侵害行為が国際問題ともなったジンバブエにも、中国は多額の経済援助と武器の輸出をして国際的な非難を浴びている。

また中国の経済支援は、中国製品の購入や中国企業によるインフラ整備に充てられることが多い。これは中国だけのことではなく、先進諸国が経済支援をする場合は、だいたいこういう形態となる。

そのため、わざわざドルを用いずに、人民元でやり取りされるケースも多いのだ。

これらの経済支援の功もあり、現在、アフリカ地域の貿易で最大の貿易相手は中国となっている。

2015年、中国からアフリカへの輸出は1020億ドル、輸入は670億ドルだった。アフリカ諸国は2000年代以降、急激な経済成長を遂げたが、その最大の要因は、中国との貿易拡大だったのである。もちろん中国との貿易が増えると、人民元を使用する機会も増える。

中国の国際経済における影響力が大きくなるとともに、その2、3歩遅れのペースで人民元の普及が進んでいくのである。だから、おそらく今後は、急激に人民元の世界通貨としての使用は増えると思われる。

第8章

「世界通貨」の発行しか解決策はない

アメリカ・ドルが基軸通貨の地位を失えば日本も破綻する

これまでアメリカ・ドルが基軸通貨であることがいかに不自然で、危険なことであるかを述べてきた。

そしてアメリカ・ドルが基軸通貨であるためには、アメリカは世界中の紛争に介入し、軍事力を誇示し続けなくてはならない。

世界にとって、これほど物騒で迷惑なことはない。

では、アメリカ・ドルを基軸通貨の座から引きずり下ろし、ユーロや人民元を基軸通貨の地位に据えれば、この問題が解決するかというと、ことはそう単純ではない。

なぜなら現在の世界経済システムは、あらゆる部分がアメリカ・ドルを中心にしてつくられており、もしアメリカ・ドルが基軸通貨ではなくなったら、世界経済は大混乱をきたしてしまうのである。

そして、もっとも被害を受ける国はどこかというと、日本ということになるだろう。

日本の外貨準備高は１兆２０００億ドルをはるかに超えている。これは、ＥＵ全体の倍以上という巨額さである。国民一人あたりにすれば、100万円以上の外貨準備高を持っている計算になり、断トツの世界一である。これは、中国の3倍以上にもなる。

この巨額な外貨準備高というのは、日本の国際的な信用力にもなっている。が、この外貨準備高のほとんどを日本は、アメリカ国債で保有している。日本はアメリカ国債を1兆1000億ドル以上（約120兆円）保有し、保有量で中国と1位、2位の座を争っている。

つまり日本はアメリカ政府に対して、世界で一番か二番目に多くお金を貸している国なのである。

もしアメリカ経済が破綻したり、その財政がデフォルトを起こしたりすれば、もっともダメージを受けるのは、もっともお金を貸している日本だということになる。

しかも、日本の場合、借金が踏み倒されるだけではない。

国家経済の運営が成り立たなくなる恐れがあるのだ。

日本経済は、いまだにアメリカへの依存度が非常に大きい。

2016年の日本の貿易収支は約4兆円の黒字だったが、アメリカとの貿易に限定してみてみると、約689億ドル（日本円で約7兆7000億円）の黒字なのである。つまり、アメリカ以外の国々との貿易は赤字なのだが、アメリカとの貿易で収支を合わせているという計算になっているのだ。

ざっくり言えば、日本は石油などの輸入代金を稼ぐために、アメリカに物を売りつけてドルを調達している、ことになる。

こういう状況が、もう何十年も続いているのである。

アメリカにとって日本との貿易は長年、巨額の赤字を続けていることから、アメリカ経済を内部から破壊してきたのは日本だということになる。

日本人はアメリカとの貿易摩擦を過去の問題と思っているようだが、決してそうではない。1980年代、アメリカの対日貿易赤字がもっとも大きかった年は1987年だが、この年、アメリカの対日貿易赤字は約570億ドルだった。2016年の対日貿易赤字が約689億ドルなので、現在のほうが赤字額は大きいのだ。

1987年と現在とではGDPの規模が違うので直接の比較はできないが、アメリカの対日貿易赤字の規模が今も相当に大きいことは間違いないのである。

近年、アメリカにとっての貿易赤字は、日本よりも中国のほうが大きくなっているので、日米の貿易摩擦があまり話題にならなくなっているだけで、現在もこの問題は続いているのである。

日本はアメリカ相手の商売で稼いでいるのだから、もしアメリカが破綻すれば、日本は大きな打撃を受けることになる。最悪の場合、石油などのエネルギー資源の輸入にも事欠くようになるかもしれない。

日本はアメリカよりもダメージが大きい

アメリカが基軸通貨の地位を失った場合、むしろ、アメリカよりも日本のほうがダメージは大きいかもしれない。

アメリカの場合、基軸通貨の地位を失っても一時的に経済がダメージを受けるだけで、すぐに回復すると考えられるのだ。

なぜなら基軸通貨の地位を失っても、アメリカでダメージを受けるのは金融産業くらいである。現在、アメリカの経済は金融産業が引っ張っているので、一時的には大きく失速するだろう。また破綻状態になることで、国際的な信用を失い、これまでのように無制限に輸入したりすることができなくなるだろう。

しかし、そもそもアメリカという国は資源大国であり、農業大国であり、工業大国なのである。

アメリカは、いつでも国民が必要な物資のほとんどを自国で賄うことができるのだ。石油などのエネルギー資源は、自国の産業を賄うばかりか他国に大量に売るほどあるし、もともと工業国としてのレベルも高いので、もし中国や日本から工業製品が入ってこなくても、自国で生産できるのだ。それは失業者を吸収することになる。

そして広大な農地を持ち、国民を食べさせるくらいの食料は十二分に確保できる。だから、そもそもアメリカは国際社会の信用を失っても、貿易が不自由になっても、やっていける国なのである。

しかし、日本はそうではない。

日本経済の貿易依存率はそれほど高くないが、もともと日本は資源がないので、国家の運営自体を貿易なしではやっていけない。もし日本経済が破綻し、輸入ができなくなれば、経済が停滞するどころか、国民生活がたちまち窮地に陥ってしまう。食料の確保なども難しくなるかもしれない。下手をすれば、戦後の食糧難に逆戻りなどということもあり得るのだ。

中国も大きな打撃を受ける

またアメリカを追い落とす最右翼にいる中国も実は、アメリカが破綻すると大きな打撃を受けるのである。

なぜなら現在の中国も、貿易をしていないと成り立たない国である。そして日本と同様に、アメリカにたくさん物を売りつけることで経済を回しているのだ。

2015年の中国の対アメリカ貿易では、輸入額が1167億ドルに対し、輸出額は4841億ドルだった。実に3674億ドルの黒字なのだ。日本円にするとだいたい40兆円である。日本の国税の税収に匹敵するくらいの額である。

このような途方もない貿易黒字を毎年、アメリカからせしめているのだ。

もちろん、中国にとって最大の貿易相手はアメリカである。アメリカが破綻すれば、中国経済はたちまち大混乱に陥るはずだ。

結局、中国も日本と同様、輸出なしではやっていけない国なのである。

中国にもアメリカと同様に広大な国土があるが、アメリカのように大量の石油がとれるわけではない。それなりに石炭はとれるが、それも国全体のエネルギーを賄えるほどでは

2015年の中国の対アメリカ貿易収支

ない。現在の中国は資源輸出国ではなく、資源輸入国なのである。

そして何より、中国は13億人という途方もない人口を抱えている。この人々を養う食料を確保するためには、中国の国土だけではもはや無理なのである。だから中国は現在、食料も大量に輸入している。

しかも中国人の生活レベルは、1970年代当時からは激変している。現在の生活レベルを維持するためには、大量の中国製品を輸出し、エネルギーや食糧を輸入しなければならないのである。

そのためには、アメリカが大量に中国製品を買ってくれなければならないのだ。

アメリカが借金を増やすことで世界経済が回るという矛盾

また、もしアメリカ・ドルに代わって、ユーロや元が基軸通貨になったとしても、現在の「アメリカ・ドル＝世界基軸通貨」システムが持っている欠陥は決して改善されないのだ。

というのも、実はアメリカの借金が膨らむというのは、世界の金融システムとしては当然という面もあるのだ。

基軸通貨は世界中で利用されるものである。

そもそもドルが世界中にばら撒かれなくては、世界の貿易は回らないのだ。

そしてドルを世界に流通させるには、アメリカの貿易は常に赤字になっていなければならない。

アメリカの貿易が黒字になると、ドルはアメリカに戻ってくるので、ドルが世界に流通しないからだ。ドルを欲する世界の国々は、必然的にアメリカに貿易赤字になることを要求しているのだ。

ケインズ経済学を確立させた20世紀最大の経済学者ケインズ

つまり、一国の通貨が世界の基軸通貨になるということは、最初から矛盾を秘めているのである。

この矛盾を、もう70年以上前に指摘していた人物がいる。

かの経済学者ジョン・メイナード・ケインズである。

第二次世界大戦後の国際経済の新しい枠組みを議論するために1944年に開かれたブレトン・ウッズ会議に、ケインズはイギリス代表として参加していた。

アメリカはこの会議において、「ドルを金と兌換させ、ドルを世界の基軸通貨とする」ことを強行に主張した。ケインズはこれに猛反対していた。

「世界経済は今後、急速に拡大することが予想され、一国の通貨を世界の基軸通貨とするのは無理がある」

と主張したのだ。

そしてケインズは、アメリカ・ドルを基軸通貨とするのではなく、バンコールという貿易の決済用の国際通貨をつくろうと提唱したのだ。ケインズの案は一部は採用されたものの、肝心の部分では採用されなかった。アメリカの主張に押し切られ、ドルが基軸通貨とされたのだ。

もしケインズの案が採用されていれば、借金大国アメリカの通貨が世界の基軸通貨であり続けるというような矛盾はなかったかもしれない。

これは「資本主義の欠陥」でもある

アメリカの基本基軸通貨の問題は、「資本主義の欠陥」が露呈したものでもある。

なぜなら資本主義というのは、常に誰かが借金をしていなければ回らない仕組みになっている。その誰かが現在はアメリカになっているという見方もできるのだ。つまりアメリカが巨額の借金をしているからこそ、世界経済は回っているという一面もあるのだ。

「誰かが借金をしなければ経済が回らない」

というと、一般の人にとっては狐につままれたような話かもしれない。

しかし、これは資本主義経済の通貨制度の基本的な事項なのである。

どういうことか簡単に説明したい。

現在の通貨は貴金属との結びつきはないので、紙切れといえば紙切れだが、政府が勝手に発行して勝手に使用しているわけではない。

資本主義経済における通貨というのは、各国の中央銀行がお金を誰かに貸し出すことで、流通するという形をとっている。中央銀行が発行した「銀行券」とは、価値を中央銀行が保証するというものであり、その金額の価値がある券を中央銀行が「貸し出している」に過ぎないのである。

原則として、通貨が市中に流通するためには、この経路しかないのだ。つまり市中に流通している通貨というのは、誰かが銀行から借りたものが回っているということである。あなたが日々手にしている紙幣も、もとはと言えば誰かの借金なのである。そして最終的には銀行に返さなくてはならないものなのだ。

外貨を自国通貨に交換するときにも通貨が市中に流れることになるが、その外貨は元の国の中央銀行から誰かが借りたものなのである。

となると、お金が世間に流通するためには、どうしても誰かが銀行からお金を借りなくてはならないのである。

そして、お金を借りているということは、いつかは返さなくてはならない。しかも利子をつけてである。でも、市中に出回っているお金というのはすべて銀行が貸し出したお金だけであり、利子の分は出回っていない。となると、市中に出回っているお金は、利子分が常に不足していることになる。

では、銀行からお金を借りた人は、どうやって利子をつけて返済しているのか。他の人が借りているお金をせしめることで、利子分を獲得し、返済しているのである。

そしてお金というのは、常に世の中を回っているわけではなく、貯蓄として留め置かれるものもある。となると、市中に出回るお金は、その分が不足することになる。その不足を補うためには、さらに誰かが銀行からお金を借りなければならないのだ。

これは、どういう意味を指すのか。実は**「資本主義経済というのは、誰かがお金を借り増し続けていなければ、回っていかない構造」**になっているのである。

だから、もし誰も銀行からお金を借りなくなれば、通貨の流通量は不足し、経済は停滞してしまう。

しかしインフラ投資が一通り進んだり、工業化がある程度進めば、企業はもうそれほど銀行からお金を借りる必要はなくなってくる。となると、市中に流れるお金の量が減ってしまうのだ。

それに対して中央銀行はどういう対策をとれるかというと、金利を低くするくらいしかないのである。

金利を低くすればお金は借りやすくなる。でも金利が低いからといって、お金を借りる必要がない人が、そうそうお金を借りるものではない。

昨今は中央銀行が金融債権を買い取ることで、市中のお金を増やすという試みも行われている。しかし金融債権を買い取ったところで、そのお金は株式市場や金融市場の中でぐるぐる回るだけで、実社会になかなか降りてこない。

となると、政府が借金をすることで、市中のお金を増やすしかない。

だからインフラ投資や工業化が進んだ先進国が、巨額の財政赤字を抱えているというケースが増えているのだ。

アメリカが現在、借金大国になっているのは、ある意味、資本主義の原則から見れば、無理からぬことなのである。

アメリカの政府や民間人が借金をすることで、アメリカの中央銀行であるＦＲＢがドルを大量に発行する。その大量のドルが世界にばら撒かれているからこそ、世界経済が回っているのである。

逆に言えば、アメリカの政府や民間人が巨額の借金をしなければ、ドルは世界には回らず、世界経済は停滞してしまうのだ。

それもこれも、「中央銀行が融資をしたときしかお金は市中に回らない」という**「資本**

主義の欠陥」が大きな要因となっているのだ。

本当の「世界中央銀行」と「世界通貨」を

このアメリカ・ドルの問題を根本的に解決するためには、世界中央銀行を設立して、世界通貨を発行するしかないといえる。

現在、世界銀行という名称の機関はあるが、独自の通貨を発券しておらず「中央銀行」ではない。発展途上国などにドルを融資するのが主な目的である。だから、本当の意味での世界銀行ではない。

この世界銀行ではなく、発券業務を行い、世界の中央銀行の役目を果たす「世界中央銀行」を設立するべきなのである。

そうすれば、アメリカ・ドルが基軸通貨になっている矛盾はほとんど解決される。そして為替の変動による経済の不安定化も防げるのだ。ドルの切り下げ、アジア通貨危機、ポンド危機など、これまで世界経済は為替の大きな変動により、たびたび不安定になってきた。現在でも、為替変動は世界経済の頭痛の種になっている。

世界通貨が導入されれば、そういう為替変動の問題もほとんど解消されるのである。

さらに世界中央銀行が発展途上国に融資や支援をすれば、世界の貧富の格差もかなり解消されるし、現在の富裕国もそれなりの恩恵を受ける。

悪いことはまったくないといえる。

基軸通貨の地位を失うアメリカも、相当の恩恵を受けるはずだ。アメリカは現在、経済規模が世界最大なので、世界通貨が導入されれば、その取引量も世界最大となるはずだ。必然的にアメリカは世界の金融センターの地位を維持することができる。

今の経済状態が続けば、経済規模でアメリカが中国に抜かれるのは自明の理であり、アメリカにとっては、もし世界通貨を導入するならば早いほうがいい。

世界通貨の導入をしなければ、アメリカはドルの世界基軸通貨の地位を守るために、巨額の軍事費を支出しつづけなくてはならないし、頻繁に軍事行動や戦争をしなければならない。多くのアメリカ人の尊い命が失われなければならないのだ。

それを考えれば、アメリカはドルの世界基軸通貨の地位を捨て、「世界通貨」の設立に尽力したほうが得策なはずである。

ヨーロッパ諸国や中国にしても、今のまま借金大国のドルが世界の基軸通貨であり続けるよりは、合理的な世界通貨があったほうが将来のためになるはずだ。

ユーロという絶好の手本がある

「世界通貨」の導入というと、夢物語のようにも聞こえる。

しかしユーロの成功を見たとき、それは決して夢物語ではないことがわかるはずだ。

世界通貨を導入する際、もっとも困難となるのが世界各国の利害調整だろう。利害の違う大国同士がせめぎ合って実現できないのではないか、そういう危惧は誰もが持つはずだ。

しかしユーロでは何世紀もの間、犬猿の仲だったドイツ、フランスというヨーロッパの大国同士が手を結び、自国の通貨を廃止し、共通通貨を導入したのである。

この経緯を参考にすれば、世界通貨の導入も決して夢ではないはずだ。

また、世界通貨を導入する際の自国通貨との交換手続きなども、ユーロの方法をそのまま踏襲すればいいはずだ。

ユーロはドイツ、フランスのような大国も、ラトビアなどの小国も、スムーズに導入され、流通している。この手続きを参考にすれば、世界中の国に世界通貨を導入することも決して難しいものではないだろう。

また世界通貨導入の際には、ユーロからの指導を仰いでもいいだろう。ユーロの導入を推進してきた関係者やユーロを取り仕切っている欧州中央銀行から顧問を招くなどをするのである。

アメリカには特別の配慮を

世界通貨を導入する際には、アメリカには特別の配慮をしなくてはならない。世界通貨がスムーズに成功するためには、アメリカの協力が不可欠である。現在は、アメリカ・ドルの信用によって世界経済は回っているのだから、世界通貨を成功させるためには、アメリカ・ドルの信用を世界通貨に引き継がせる必要がある。

アメリカにとって世界通貨の導入は、**「大政奉還」**のようなものである。アメリカが担ってきた世界基軸通貨の役割を世界に返還し、新たに世界共通の通貨を世界各国で話し合ってつくるのである。一番失うものが大きいのは、アメリカだからだ。

世界通貨の導入は、将来的にはアメリカを楽にするものだが、一時的に大きな損失を蒙るのは間違いない。

アメリカは世界基軸通貨の地位を手放すと、自国の借金とまともに向き合わなくてはならなくなる。これまでのようにドルを印刷して、それを借金の支払いに充てるというようなことができなくなるからだ。

下手をするとアメリカは破綻しかねない。前述したようにアメリカが破綻すれば、世界経済は大混乱に陥り、大損害を受けるだろう。

アメリカの巨額の借金はアメリカのせいではあるが、アメリカに物を売りつけることで、生計を立ててきた国々も間接的な責任は負わなければならない。

だからアメリカに対しては、これまで世界経済を回してきた功労として、その債務を全世界がある程度引き受けるべきだと思われる。

場合によっては、アメリカの対外債務の半分を世界中央銀行が引き受けるくらいの配慮は必要かもしれない。

ビットコインを真似よ！

世界通貨は、世界中央銀行から各国に融資される。それは、各国の中央銀行が民間銀行に融資するのと同じシステムである。つまり世界中央銀行は、世界の中央銀行としての役目を果たすのだ。

それと同時に世界中央銀行は、環境問題や貧困対策のために一定のお金を創造し支出するという役割を与えるべきである。

つまり世界中央銀行には、世界通貨を融資するだけじゃなく、それを「創造し使用する権利」も与えるのだ。

先ほども述べたように、これまで世界の中央銀行は誰かに融資することで、お金を市中に回してきた。しかし、これでは借り手が少なくなったり貯蓄が多くなれば、必ず通貨の流通量が不足してしまう弊害があった。

その弊害をなくすために、世界中央銀行にはお金を融資するだけじゃなく、発行したお金を費消する権利をも与えるのだ。

もちろん無制限に費消すれば、インフレを招いてしまうので、各国で話し合ってインフレが生じない程度の額を決めるのだ。

そして、その使途は環境問題や貧困問題など、ビジネスではなかなか解決できないものに絞ることにする。

そうすれば、環境問題や貧困問題の解決にもつながるはずだ。

この点が、これまでの中央銀行のシステムとは大きく違う点である。

これについては、本当にそんなことができるかどうか疑問に思う人もいるだろう。

中央銀行が発券した紙幣を自由に使えることができれば、政府にとってこれほど便利なことはない。しかし、そういう紙幣は事実上、政府が自由に発行できるので、価値が信用されず、流通しにくいという弊害があった。またもし流通しても、政府が発行しすぎてインフレを招くという危険もあった。

だから、中央銀行が発券した銀行券をそのまま使うということは、中央銀行のルールとして許されてこなかったのだ。

しかし、ビットコインの成長を見たとき、決してそれが不可能なことではないということがわかるはずだ。

ビットコインという仮想通貨が昨今、普及し始めているのをご存知の方も多いはずだ。ビットコインというのは、これまでの発券銀行と大きく違う点がある。

それは、ビットコインは融資で流通しているわけではない、ということである。ビットコインは「製造」された時点で、貨幣としての価値を持たせているのである。

筆者はこのビットコインは、これ以上は広がらないと考えている。

というのもビットコインには、設立や運営に関与している一部の人間が濡れ手に粟で大儲けしている事実がある。その事実が今後、世の中に知れ渡ると、ビットコインの信用は急激に落ちていくと思われる。

しかし、**「融資という形じゃなくても通貨は流通する」**ことを体現した点では、ビットコインは大きな意味があったと思われる。

ビットコインが、通貨というものの新しい可能性を示したという面は確実にあるのだ。貴金属や資産などの裏付けなどがまったくなくても、一定の人が「価値があるもの」という認識をすれば、通貨というものは流通するのである。

実際、現在の世界の通貨というのは、ほとんどが貴金属との結びつきはないので、本来は紙切れに過ぎない。現在の世界の通貨は、各国が保有している資産や経済力が間接的な裏付けとなり、流通しているだけなのだ。

だからビットコインのような仮想通貨が流通しても、おかしくないといえばおかしくないはずだった。

ビットコインは、それを明確に体現したといえる。

逆に言えば、ビットコインのような胡散臭《うさん》いものでさえ、ある程度の流通はするのだから、もし世界各国が協力して国際経済に本当に役に立つ「世界通貨」を発行すれば、世界中に信用され流通されることは間違いないのだ。

起こりにくくなるはずなのだ。

環境問題など、現代の世界は待ったなしの問題を多々抱えている。それらの問題に対処するためにも、一刻も早い世界通貨の導入が求められているのである。

日本はアメリカ経済への依存度を減らすべき

もちろん世界通貨の設立は、そう簡単にはいかないだろう。

これは中長期の目標とし、日本は当面の目標としては、アメリカ経済への依存度を減らすべきである。

何度か触れたが、現在の日本経済は、アメリカ経済への依存度が非常に大きい。というより第二次世界大戦以降、ずっとアメリカ経済に大きく依存しているのである。厳密に言うならば、戦前も日本はアメリカ経済への依存度が非常に大きかった。そのためアメリカから経済制裁を受けたら、国の経済が立ち行かなくなったのだ。

このアメリカ依存から、早く脱却しなければならない。

日本の最大の輸出国は、アメリカである。輸出全体の20％をアメリカ一国で占めている。

そして前述したように日本は対アメリカ貿易において、７００億ドルもの黒字を稼いでいる（２０１６年）。これは、日本の貿易黒字全体の額を上回るものであり、日本はアメリカを除いた貿易収支は赤字だが、対アメリカ貿易で黒字を稼いでいるので、貿易黒字になっている、という状態なのだ。

ざっくり言えば日本経済は、アメリカへの輸出で保っているのである。

このアメリカ依存の割合を極力減らしていくべきなのだ。

そうしないと、もしアメリカが倒れたとき、アメリカ以上のダメージを受けてしまう恐れがある。

具体的に言えば、日本のアメリカへの輸出はもっと減らすべきなのだ。

日本は国民一人当たりの外貨準備高は断トツの世界一であり、もうこれ以上、経常収支の黒字を積み上げなくてもいい。

これ以上、外貨準備を積み上げても、アメリカの国債を買わされるだけである。日本は、これまで外貨準備が増えれば、それはアメリカ国債の購入に充てるというのが慣例のようになっている。日米の力関係からそうなっているのだ。

しかし何度も触れたようにアメリカは世界一の借金大国であり、そういう国の国債をこれ以上、保有するのは決して得策ではないはずだ。しかもアメリカは１９７１年以降、たびたび為替レートの切り下げを行い、そのたびに日本は事実上の借金棒引きをさせられてきた。360円貸していたはずなのに、いつの間にか300円になり、250円になり、今は100円前後になってしまったのである。

だから、無理をして経常収支を黒字にする必要はまったくないのだ。経常収支はトントンで十分なのである。

経常収支というのは、貿易だけじゃなく、資本なども含めた国際取引の収支のことである。この経常収支では、日本は35年以上も黒字を続けている。阪神淡路大震災、東日本大震災のときも、赤字にはならなかったのだ。

そして現在、経常収支の黒字は10兆～20兆円で推移している。これがゼロでもいいのだから、対アメリカの貿易黒字はゼロだったとしても、おつりがくるのだ。

アメリカ側も、日本に対して貿易黒字（アメリカにとっては貿易赤字）を減らせと要求しているのだから、アメリカの要求にこたえて減らせばいいのである。

アメリカへの貿易依存度を極力減らす方向にいかないと、今後の日本はどんな危険に巻き込まれるかわからないのだ。

世界通貨の発行を目指すためにも、日本の経済を極力健全な方向に向かわせる必要があるのだ。

[略歴]

大村大次郎（おおむら・おおじろう）

大阪府出身。元国税調査官。国税局で10年間、主に法人税担当調査官として勤務し、退職後、経営コンサルタント、フリーライターとなる。執筆、ラジオ出演、フジテレビ「マルサ!!」の監修など幅広く活躍中。主な著書に『99%の会社も社員も得をする給料革命』『世界が喰いつくす日本経済』『ブッダはダメ人間だった』『「見えない」税金の恐怖』『得する確定拠出年金』『完全図解版あらゆる領収書は経費で落とせる』『税金を払う奴はバカ！』（以上、ビジネス社）、『「金持ち社長」に学ぶ禁断の蓄財術』『あらゆる領収書は経費で落とせる』『税務署員だけのヒミツの節税術』（以上、中公新書ラクレ）、『税務署が嫌がる「税金0円」の裏ワザ』（双葉新書）、『無税生活』（ベスト新書）、『決算書の9割は嘘である』（幻冬舎新書）、『税金の抜け穴』（角川 one テーマ21）など多数。

アメリカは世界の平和を許さない

2017年12月23日　　第1刷発行

著　者　大村 大次郎
発行者　唐津 隆
発行所　株式会社ビジネス社
〒162-0805　東京都新宿区矢来町114番地 神楽坂高橋ビル5F
電話　03(5227)1602　FAX　03(5227)1603
http://www.business-sha.co.jp

〈カバーデザイン〉金子眞枝
〈本文組版〉茂呂田剛（エムアンドケイ）
〈印刷・製本〉中央精版印刷株式会社
〈編集担当〉本田朋子　〈営業担当〉山口健志

ISBN978-4-8284-1995-4

大村大次郎の本